公共外交新走向丛书

欧洲跨文化
城市战略实践与启示

The Intercultural City Strategy in Europe:
Practice and Implication

庄恩平 张珊珊 虞怡达 ▪ 著

时事出版社

图书在版编目（CIP）数据

欧洲跨文化城市战略实践与启示/庄恩平，张珊珊，虞怡达著．—北京：时事出版社，2014.8

ISBN 978-7-80232-723-8

Ⅰ.①欧…　Ⅱ.①庄…②张…③虞…　Ⅲ.①城市文化—研究—欧洲　Ⅳ.①C912.81

中国版本图书馆 CIP 数据核字（2014）第 101004 号

出版发行：时事出版社
地　　址：北京市海淀区巨山村 375 号
邮　　编：100093
发行热线：（010）82546061　82546062
读者服务部：（010）61157595
传　　真：（010）82546050
电子邮箱：shishichubanshe@sina.com
网　　址：www.shishishe.com
印　　刷：北京百善印刷厂

开本：650×980　1/16　印张：10.75　字数：124 千字

2014 年 8 月第 1 版　2014 年 8 月第 1 次印刷

定价：38.00 元

序

“跨文化城市”项目是欧洲委员会和欧盟委员会于 2008 年共同合作开展的。通过这一项目，人们越来越相信只要逐步采取得当的政策和措施，跨文化交流就会得到促进，文化能力就会得到发展，那么城市就能从技能和文化多样性所带来的创新中受益。我们需要牢记的是跨文化主义致力于鼓励和发展那些能够增进不同文化和民族之间理解和尊重的实践活动。“跨文化城市”项目在整个过程中的各个阶段都将为参与城市提供分析工具，支持城市对其政策进行跨文化审视，并帮助当地主要负责人进行工作。

在过去几年中，上海大学庄恩平教授一直专注于跨文化研究，特别是见证了跨文化城市战略所取得的一系列成就。他积极参与了欧洲理事会举办的众多跨文化城市会议，如 2013 年 2 月在爱尔兰举行的跨文化城市里程碑会议，以及同年 5 月在阿塞拜疆举办的第二届世界论坛。他还在意大利和跨文化城市专家们进行了深入的探讨，并且和来自欧洲其他国家的跨文化城市专家和利益相关者进行了面对面的交流。通过这些密集的接触和交流，庄教授对跨文化城市战略有了更加深刻的认识，并且开始致力于将跨文化城市战略与上海这座国际化大都市相结合的研究。

我非常高兴看到庄教授和他的跨文化团队已经迈出了重要的一步——他们的新作《欧洲跨文化城市战略实践与启示》即将问世。这本书分析了欧洲跨文化城市战略产生的各个阶段以及各个阶段的目标内容，介绍了欧盟“跨文化城市”项目取得的进展及其重要意义。我衷心地希望本书能在中国，尤其是在上海引起人们对跨文化城市的热烈讨论，并产生深远的影响。

Bruno Ciancio 教授

意大利跨文化城市国家网络科学顾问

欧洲理事会跨文化城市专家

布鲁塞尔，2014 年 2 月 10 日

前　言

欧洲委员会于2008年联合欧盟委员会发起了“跨文化城市”项目。“跨文化城市”提出要以跨文化主义的方法治理文化多样性，即把文化多样性作为创新力的源泉，并为实现文化多样性优势创造条件。跨文化主义主张加强文化之间的互动交流，从而建立互信和理解。该项目的领导人物之一菲尔·伍德表示，交流是旨在促进对话、理解的跨文化方法的核心特征和主要方式。跨文化主义不但充分认识到应该使每种文化能够生存并繁荣，而且认为所有文化都有权利对他们所在区域的文化做出贡献。跨文化主义的核心则在于加强不同文化群体之间的互动和交流，认为只有通过增加彼此交流和了解才能减少误解和猜疑，在差异中和谐相处。但是跨文化交流很多时候不会自然发生，人们往往习惯于在自己的舒适范围里不愿主动和陌生未知的人交流，因此需要政府制定相应的政策鼓励和促进跨文化交流。这需要所有城市治理部门、原居民和外来移民的共同参与和努力。跨文化政策是通过汲取以前各种政策的经验而进一步发展的，希望通过跨文化主义这样一个新的视角为欧洲应对文化多样性开启一条新的道路，帮助欧洲城市从相互隔离的多元文化城市变成相互交融的跨文化城市。

“跨文化城市”提出了采用跨文化方法治理多样性的基本原则、战略构建步骤和评估体系。“跨文化城市”项目已经从最初的11个参与城市增加到目前70多个参与城市，而且参与城市的范围已经超出了欧洲。2010年，墨西哥城加入了欧盟“跨文化城市”项目。2012年1月，来自日本、韩国和欧洲的九个城市的市长参加了在东京举办的亚欧跨文化城市国际论坛峰会，峰会宣布通过了代表跨文化城市之间伙伴关系的《东京宣言》。随着全球化进程加剧，上海城市的人口国际化程度加深，外籍人士比例不断增长，必然给城市带来更大的多元文化治理压力。研究跨文化政策的发展对上海国际大都市中的文化多样性治理具有现实意义。

“跨文化城市”在中国还是一个新的概念，我们还需要对它做全面了解、研究与思考。《欧洲跨文化城市战略实践与启示》这本书仅仅是我们对欧洲跨文化城市战略研究的前期成果与思考，希望本书的出版能对中国城市软实力建设，尤其对上海国际化大都市建设有所启发与借鉴。

庄恩平

2014年1月于上海

目　录

第一章　欧洲移民政策的变迁与挑战 …………………………（1）
第一节　欧洲移民社会的形成 ……………………………（1）
第二节　欧洲移民政策的变迁 ……………………………（11）

第二章　跨文化主义：跨文化城市的实践 ………………………（18）
第一节　多元文化主义的困境 ……………………………（18）
第二节　跨文化主义与跨文化城市：概念与实践 ………（29）

第三章　跨文化城市要素 ……………………………………（40）
第一节　政府层面 ………………………………………（40）
第二节　组织机构层面 …………………………………（44）
第三节　个人生活层面 …………………………………（49）

第四章　跨文化城市建设步骤和评估 …………………………（58）
第一节　跨文化城市建设内容 ……………………………（58）
第二节　跨文化城市战略的准备 …………………………（61）
第三节　跨文化城市的建设 ………………………………（63）

第四节　跨文化城市建设的持续性和评估 …………………（71）

第五章　跨文化城市建设：案例分析 …………………（84）
第一节　爱尔兰都柏林市 …………………（85）
第二节　伦敦自治市刘易舍姆 …………………（109）
第三节　加拿大蒙特利尔市 …………………（124）

第六章　上海跨文化城市建设思考 …………………（133）
第一节　中国大都市面临文化多样性挑战 …………………（133）
第二节　欧盟跨文化城市建设对中国大都市建设的启示 …………………（138）
第三节　构建上海跨文化城市框架 …………………（145）

附录　中欧跨文化城市专家对话 …………………（153）

参考文献 …………………（157）

第一章

欧洲移民政策的变迁与挑战

第二次世界大战结束之后，由于经济发展、世界政治格局变化等因素，欧洲由传统的移民迁出大陆逐渐转变成为净移民大陆，欧洲国家成为大批移民的目的地。大量移民的涌入，对欧洲国家的政治、经济、文化、社会都产生了深远的影响。欧洲国家在不同时期采取了不同移民政策应对多元文化带来的挑战。20 世纪六七十年代以来，欧洲为了稳定社会和经济发展，吸引外来劳动力，各国纷纷倡导多元文化主义政策。然而 21 世纪以来，欧洲移民社会倡导的多元文化主义困难重重，冲突加剧，多国领导人宣布放弃多元文化主义政策。文化多样性的治理路在何方，这是欧洲亟需解决的一个重大现实问题。

第一节　欧洲移民社会的形成

一、欧洲移民进程

移民是一个非常复杂的问题。关于移民的概念在学术界也没有一个统一的界定。一般认为，移民是指从其他国家移居一个国家并在那里定居超过某一特定时间的人。根据1998年联合国关于国际迁移的建议，欧盟委员会（European Commission）[①]把之前在其他国家居住12个月及以上、移居到一个欧盟国家超过12个月及以上的人界定为长期移民。[②]

20世纪50年代以前，欧洲主要是一个输出移民或外迁移民的大陆。历史上，从17世纪到20世纪中叶的数百年间，欧洲一直是国际移民的主要迁出地。克劳斯·J. 巴德指出，“欧洲移民外迁的目标地区主要是两个：一是通过陆路到东部俄罗斯及东欧国家；二是通过大西洋航线从欧洲大陆移民美洲大陆。”[③] 据统计，1800—1960年间，欧洲共向外移民6100万—7000万人，占世界移民总量的2/3以上。[④]

二战之后，美洲等地对劳动力的需求减少，大批欧洲人从殖民地返回欧洲，此后的国际迁移也一反历史上资本主义国家人口向落后的殖民地迁移的现象，变为主要从贫穷国家向发达国家迁移。20世纪五六十年代以来，随着经济和政治发展的巨大变化，欧洲一直经历着后殖民时代的人口移入，从移民的输出地成为“净移民”（指一年之内迁入的移民数量超过迁出的

---

① 欧盟委员会是欧盟的常设执行机构，负责实施欧盟条约和理事会决定、向欧盟议会和欧盟理事会提出立法动议、监督欧盟法规的实施、代表欧盟负责对外联系及经贸谈判，对外派驻使团，实行集体领导和多数表决制，也是欧盟唯一有权起草法令的机构。更多信息请见 http：//ec. europa. eu/atwork/index_ en. htm。

② http：//epp. eurostat. ec. europa. eu/statistics_ explained/index. php/Glossary：Migration.

③ 宋全成：“简析欧洲移民历史进程与移民类型”，《天津社会科学》2006年（4），第56—59页。

④ 傅义强：“欧盟国家的移民问题及其移民政策的构建”，《世界经济与政治论坛》2006年（3），第97—105页。

人口数量）的大陆。二战结束之后，欧洲的移民进程大致经历了以殖民地移民、工作移民、冷战避难移民和回迁移民、非法移民为特征的四次移民潮，移民的数量也在急剧上升。欧洲移民社会的发展主要有以下几个特征①：

首先，20 世纪 40 年代中期到 70 年代，随着欧洲殖民主义体系在世界范围内的瓦解，欧洲国家殖民地宗主国人民回迁和殖民地人民迁移到西欧宗主国形成了殖民主义和后殖民主义的移民潮。据不完全统计，从 1940—1975 年，在西欧大约有 700 万—850 万名来自殖民地国家的移民。在英国，新移民主要来自肯尼亚、印度和马来西亚；在法国和意大利，新移民主要来自北非马革里布；在比利时，新移民主要来自刚果；在荷兰主要来自印度尼西亚；在葡萄牙主要来自安哥拉和莫桑比克。

其次，20 世纪 50 年代初到 70 年代，以招募外国劳工为特征的工作移民。二战后，由于国家经济和社会重建的需求，西欧主要国家如英国、法国、德国等面对战争带来的劳动力的缺乏，相继与其他国家签署引进劳工协议或双边协议，大量引进劳工。该阶段的移民主要是欧洲大陆内部的移民流动，尤其是南欧国家的工人向北欧国家流动。西欧国家通过引进劳工的协议，暂时解决了劳动力短缺的问题，为战后社会和经济的重建发挥了重要作用。但是，由于西欧主要国家缺乏一体化的移民政策或社会融合政策，大量移民的滞留和存在在引进国逐渐成为社会问题。在法、英、德等国的大城市郊区，移民聚居区渐趋形成，就业困难、福利竞争、城郊治安恶化等社会问题随之

① 宋全成：“简析欧洲移民历史进程与移民类型”，《天津社会科学》2006 年（4），第 56—59 页。

衍生。移民劳工对西欧国家的吸引力大大减弱，移民的合法存在成为各国政府日益关注的问题。1973 年的第一次石油危机使欧洲经济增长缓慢，失业率上升，导致一些欧洲国家的移民政策发生逆转，从积极鼓励、接收外来移民变为限制移民。德国于 1973 年、法国于 1974 年停止接收非熟练工人入境，乃至提出了“零移民”的口号。这个阶段的移民主要以家庭团聚和家庭形成为主要特征。同时，由于东欧共产主义国家的衰落和南斯拉夫战争等因素，以避难为目的的难民迁移开始突出，使这一阶段移民的来源更趋多元化。

第三，20 世纪 50—90 年代，冷战背景下以避难为主要特征的移民大多来自于原社会主义国家和第三世界国家，这一时期的移民主要是以难民的身份（政治难民、经济难民、战争难民）进入西欧。以德国为例，1949—1961 年，大约有 310 万名德国人从东德来到了西德。1978 年后的几年间，德国一共接收了 315 万名来自包括越南在内的东南亚地区的难民。在欧洲，直到 20 世纪 70 年代中期，难民和避难申请者主要来自东欧社会主义国家。20 世纪 80 年代下半叶，则多来自第三世界国家。冷战结束以来，移民主要来自东欧和南欧，大致分以下三种类型：（1）来自原东欧国家的移民，包括东南欧国家的回迁移民和来自东欧国家的合法移民；（2）来自南欧战争国家的难民；（3）来自第三世界国家的非法移民。自 20 世纪 70 年代欧洲移民政策发生逆转以来，非法移民现象有愈演愈烈之势。据欧盟和国际移民组织估计，1990 年欧洲有非法移民 200 万人，2001 年上升到 300 万人，目前的势头仍然很猛，每年以四五十万人的速度增加。

1981 年到 2000 年间，大部分欧洲国家或地区尤其是意大利、西班牙、荷兰、斯堪的纳维亚等的移民来源国显示出更加多元化的特征，来自欧洲内部的移民流动下降，来自亚洲和非洲的移民比例上升。[①] 2006 年，至少有 20% 的欧洲国家的外来移民占到国家人口总数的 5%，甚至更多。[②] 2011 年，约 320 万名移民迁移到欧盟国家，其中迁移到英国的移民数量最大（56.6044 万人），其次是德国（48.9422 万人）、西班牙（45.7649 万人）和意大利（38.5793 万人）。这四个国家的移民数量占欧盟 27 个国家总移民数量的 60.3%。2011 年欧盟国家的净移民数量达到了 3∶1000（即 1000 名居民中有 3 名移民）。截止到 2012 年 1 月，欧盟国家中共有 3300 万名出生于非欧盟国家的移民，以及 172 万名出生于其他欧盟国家的欧盟内部移民。[③]

从上述数据可以看出，欧洲国家的人口构成日益复杂，外来移民作为一种持续增长的力量，不断丰富这些地区的多样性，同时也成为这些国家必须面对的问题。大量不同类型的移民对欧洲社会产生了复杂的社会影响和政治影响。一方面，来自世界各地的合法移民，无论是高技术移民、工作移民、家庭移民，都得到了欧洲接纳国的法律许可，获得居留权，并对当地社会经济发展做出了重要的贡献；另一方面，外来移民，特别是失业的移民、难民以及非法移民的大量增加，也对欧洲国家的经济发展、社会福利、劳动力就业市场、教育和社会治

① Wanner, P., Migration Trends in Europe. European Population Paper Series, No 7, 2002, pp. 5 – 7.

② Key figures on Europe: Statistical Pocketbook. Luxembourg: Office for Official Publications of the European Communities, 2006.

③ http://epp.eurostat.ec.europa.eu/statistics_explained/index.php/Migration_and_migrant_population_statistics.

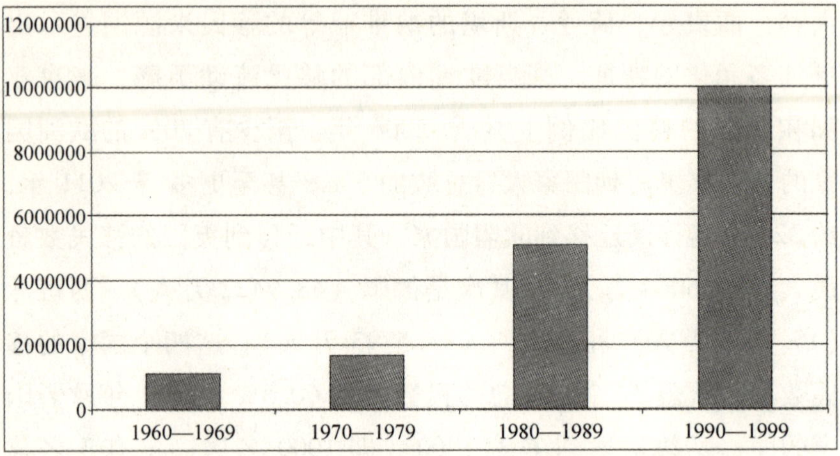

图 1—1　欧洲 1960—1999 年之间的累积净移民数量

安，构成了强烈的冲击，移民群体与接纳国原群体之间文化、宗教、习俗等方面的巨大差异也引起了诸多社会冲突，使移民问题成为日益严重的社会问题和移民政治问题。

二、欧洲的移民问题化

目前，外国移民在欧洲的大量存在成为明显事实。但并不是所有移民都构成移民问题。从欧洲移民社会的形成历程来看，从 20 世纪 50 年代到 70 年代，西欧主要国家由于社会和经济重建的需要从其他国家引入了大量的劳动力，同时出于冷战和人道主义要求，接纳了来自原社会主义国家和发展中国家的大量难民。20 世纪 70 年代以后，随着全球性的经济滞涨和世界石油危机，由于大量外国移民存在而诱发的严重社会问题逐渐凸显，最终成为影响欧洲国家经济、社会、文化和政治的严重社会问题。这既有欧洲外国移民特点转移的因素，也有移民文化变化、经济低迷、国家政治和政策自身的因素。[1]

可以说，20 世纪 70 年代以前，欧洲国家尤其是西欧国家存在的外国移民主要是来自南欧国家的外国劳工；而 70 年代以后，大量移民来自于非欧洲国家，特别是来自于非洲和亚洲的发展中国家和地区的外国移民比例急剧升高。在欧洲一些传统的外国移民接纳国家，非欧洲的外国移民已正式取代南欧国家的外国移民主体地位，成为欧洲国家外国移民的主体。[2] 不同类别的外国移民在实现与欧洲移民接纳国家主流社会的社会融合上面临的难度是不一样的。一方面，来自欧洲国家的外国移民，由于同属于欧洲国家，有着相近的宗教、文化和习俗，相对容易接受接纳国家的自然同化。而日益增多的来自亚洲、非洲等非欧洲国家的工作移民以及来自世界各地的难民和非法移民，由于在宗教、文化、政治理念、生活方式、语言等方面的巨大差异，在社会融合和一体化的目标实现上难度更大。另一方面，欧洲的移民接纳国家长时期没有针对这些移民的社会融合政策，也是他们难以在欧洲接纳国家实现社会融合的重要因素。[3]

20 世纪 70 年代以来，西欧各国在经历了二战后近 30 年的

---

① 宋全成：《欧洲移民研究：20 世纪的欧洲移民进程与欧洲移民问题化》，山东大学出版社 2007 年版，第 8 页。本书是国内欧洲移民问题研究的重要专著，此节主要参考宋全成教授的研究成果。

② 宋全成认为，造成这一转变主要有三大因素：一是欧洲殖民主义体系的崩溃，导致来源于非洲和亚洲前殖民地区的移民迅猛增加；二是随着欧洲国家招募外国劳工政策的停止而实行的家庭团聚政策，使来自于非洲和亚洲国家与地区的移民数量大增；三是来自世界各地发展中国家的难民和非法移民数量大幅增长。（参见宋全成《欧洲移民研究：20 世纪的欧洲移民进程与欧洲移民问题化》一书，第 266 页。）

③ 宋全成：《欧洲移民研究：20 世纪的欧洲移民进程与欧洲移民问题化》，第 270—271 页。

迅速发展后，经济持续低迷，失业率不断攀升，而外国移民的数量却稳步增加。以法国为例，1974 年到 1981 年，法国经济不景气，只能维持较低的经济增长率，1974 年的经济增长率为 2.8%，1981 年跌至 1.7%；通货膨胀却越来越严重，1974 年到 1981 年，除了 1976 年和 1977 年稍低外，其他年份的通货膨胀率均超过两位数。与此同时，法国失业率持续攀升，1974 年为 2.8%，1979 年为 5.9%，失业人口增加了 100 万，到 1981 年失业人口达到了 170 万。20 世纪 80 年代中期法国经济有过复苏的迹象，但好景不长，很快又陷入了低迷。1995 年法国失业率高达 12.2%，失业人数达到了 330 万，之后一直盘踞高位。2006 年和 2007 年法国的失业率有所下降，分别为 8.7% 和 7.9%，然而 2008 年全球金融危机以来，法国经济遭受重创，失业率再次急剧上扬，2010 年达到 9.5%。[①] 但法国国内的合法和非法移民数量却不断增加。2002 年法国的合法移民数量已达 431 万人，非法移民数量据估计约在 30 万—50 万人。法国的状况只是欧洲大部分国家的缩影，长期的失业率高企和经济发展持续低迷，外国移民的增加被认为加剧了失业状况的严重程度，使移民的社会问题更加凸显。[②]

如亨利·杜伯里（Henri Dubrief）所说，“每当发生经济危机的时候，在手工业、旅店业、演出业的小资产阶级身上就激起了种族主义的排外情绪。”[③] 而在政治层面，欧洲政坛的政党政治无法保持移民政策及实施的连续性，经常左摇右摆。一

① http://www.indexmundi.com/g/g.aspx? c = fr&v = 74.

② 宋全成：《欧洲移民研究：20 世纪的欧洲移民进程与欧洲移民问题化》，第 272—274 页。

③ 同上书，第 275—276 页。

般来说，左翼政党在对待移民问题上更为宽松，而右翼政党通常主张限制移民。战后欧洲政坛往往由左右政党轮流执政，造成移民政策上的时严时松。此外，欧洲一些移民接纳国政府不能根据移民形势的变化及时做出移民政策的调整，也是造成外国移民问题化的重要政治原因，这在英国和德国表现得尤为明显。在英国，20 世纪以前，随着英殖民帝国扩张到新的地区，新地区的居民就自然成为英国国王的臣民。1946 年以后，加拿大、印度、巴基斯坦、锡兰等国家先后制定了自己的国籍法，英国则制定和实施了 1948 年版国籍法，强调英联邦的公民无论是否持有本国护照，在法律上仍然是英国公民，有权自由进出英国。在随后的 30 多年时间里，大量来自英联邦前殖民地的移民涌入英国，移民问题逐渐突出。直到 1981 年英国政府才修改了 1948 年版国籍法，制定了新的国籍法。由于这一政策调整的滞后，由外国移民诱发的一系列问题便成为严重的社会问题和政治问题。在德国，二战之后对难民一直实施较为宽松的避难政策，申请难民人数逐渐攀升，1991 年到 1998 年，共有 880 万人，1992 年更是创下了 43.82 万人的欧洲记录，包括从原苏东地区进入联邦德国的难民和侨民。而德国政府对于德国是否已成为现代移民国家、是否制定一部移民法而一直争论不休。直到 2002 年，德国才承认从前是单一民族国家的德国作为现代意义上的移民国家的事实，并针对外国移民制定了新移民法。[①]

宗教方面，欧洲基督教文化与伊斯兰教文化的长期冲突和对立是导致欧洲国家外国移民问题化的重要原因之一。基督教

---

① 宋全成：《欧洲移民研究：20 世纪的欧洲移民进程与欧洲移民问题化》，第 273—280 页。

在欧洲的发展过程中尽管内部教派林立，甚至产生过教派冲突，但在对待伊斯兰教的态度上基本是一致的。从1096年到1291年的近200年时间里，欧洲共进行了八次十字军东征。基督教和伊斯兰教在政治文化上也存在巨大差异。伊斯兰教政治文化中包含着政教一体观、等级森严的权力观、极权政治观和强烈的反对意识。基督教政教文化则崇尚多元观念，反对等级制，主张民主制和男女平等，实现了政教分离和国家的世俗化。而在今日的欧洲移民接纳国家，尤其是法国和德国，由于大量穆斯林移民的进入，正面临着伊斯兰教文化对基督教文化的有力挑战。在法国约有250多万名的北非穆斯林移民，在德国约有300万—400万名的土耳其穆斯林移民。其中的大部分人在政治和经济上都处于社会的底层，在文化上经历着欧洲国家主流文化的冷淡与排斥。外国移民尤其是穆斯林移民的大幅度增加，导致欧洲国家的大众特别是中下层民众中反对外来移民、主张欧洲本国人优先的极端民族主义和排外主义思潮不断升温。而欧洲国家政府对他们的贫困和社会弱势群体地位没有有效的举措，加剧了他们反抗主流社会的心理。这在法国表现得尤其突出。在失去传统的代表社会底层利益的政党——法国共产党的影响力，及其反抗社会的基本形式——罢工的情况下，法国的部分外国移民及其后裔采取以焚烧汽车的方式发泄心中不满，引起政府关注，最终导致2005年10月发生了震惊世界的“巴黎骚乱”，并波及到了数个欧洲国家。[①]

二战之后到20世纪70年代以前，极端民族主义和排外主

① 宋全成：《欧洲移民研究：20世纪的欧洲移民进程与欧洲移民问题化》，第280—283页。

义思潮曾是欧洲国家尤其是西欧国家的政府和社会大众所极力防范和唾弃的。但是20世纪80年代以来，宣扬极端民族主义的欧洲极右翼政党日益壮大，不论是法国的国民阵线、奥地利的自由党、意大利的北方联盟，还是瑞士的人民党、荷兰的名单党，都及时抓住了大众排外的社会心理，高举“反对外来移民”、“外国人滚出去”、“欧洲是欧洲人的欧洲”等大旗，赢得了社会中下层民众的广泛支持并屡次当选。20世纪90年代以来，极右翼政党在欧洲政坛上掀起了“第三次高潮”，成为欧洲政坛上不可忽视的政治力量。可见，移民问题不仅成为严重困扰欧洲国家的社会问题，也成为困扰欧洲国家政坛的政治问题。[①]

第二节　欧洲移民政策的变迁

由于移民问题涉及到国家主权，与国内政治、经济密切相关，与就业、社会治安等问题紧密联系，各国的移民政策就成为了国内政策中非常敏感的部分。在移民政策领域，由于各国不同的历史和现实状况，在国内国际经济、政治形势不断变化的影响下，西欧各国具有各自不同的利益诉求，移民政策经历了从宽松到严紧再到宽严结合的过程。战后随着欧洲一体化的发展，欧洲层面上的移民政策受国家主权和超国家因素这对矛盾的影响，经历了一个从成员国各自为政到相互协调，再到进

① 宋全成：《欧洲移民研究：20世纪的欧洲移民进程与欧洲移民问题化》，第283页。

一步一体化的过程。①

学术界很多关于移民政策的研究关注的是国家层面的移民政策，这很容易理解，因为地方的移民政策在很大程度上要符合国家层面的政策。相关文献为国家移民政策做出了各种分析和解释。其中，在这个领域非常具有影响力的斯蒂芬·卡斯特尔斯（Stephen Castles）提出，国家的移民政策一般有四类②：

1. 分化排斥模式

其认为种族认同是国家的基础，不承认是移民国家，移民通常被认为是临时地需要并通过法律或非正式的机制被排斥在国家生活的大多方面。

2. 完全排斥模式

不制定正式的移民政策、容忍一定的非法移民，卡斯特尔斯认为现在世界没有国家是完全追随这种模式的。

3. 同化模式

其认为融合是单方面的过程，即移民努力接受并适应接纳国。然而，这种政策虽然正式接纳移民，移民却往往遭受社会经济边缘化和种族主义导致的非正式的排斥。

4. 多元文化主义模式

其认为国家由不同的种族群体构成，不同的种族群体一方面要遵循共同的政治价值观，同时可以保持各自的文化传统。整个社会如同马赛克，移民成为其中的一部分。

---

① 陈南雁："欧洲移民政策问题及移民政策趋势分析"，《德国研究》2006 年（2），第 36—42 页。

② Castles, S.: "How nation-states respond to immigration and ethnic diversity. *New Community: The Journal of the European Research Centre on Migration and Ethnic Relations*", 1995, 21 (3): 293 - 308.

有关国家政策的研究通常忽略了地方政策的差异性，也往往比较宏观，失之具体。而地方尤其是城市是接纳移民的具体空间，地方（城市）的管理机构负责制定具体措施，如开展一个特别项目、根据地方的标准划拨公共资金等。因此研究某一特定时间在某一特定区域实行的移民政策是非常必要的。著名学者麦克尔·亚历山大（Michael Alexander）具体分析了四个具有代表性的欧洲城市的移民政策并提出了四种不同的城市移民政策类型①：

1. 无政策

一些城市的移民和少数族裔，或是被当作与城市不相干的群体，或是被看作没有长久影响的过客，亦或是不受欢迎的人，对城市的未来发展没有任何影响。这类城市认为没有必要为他们制定政策。

2. 客籍工人政策

外来移民被当作暂时的劳动力，最终会回到自己的国家，所以针对他们制定的都是短期政策，目的在于将移民带给本地市民的影响降到最低，为移民建立专门的区域生活，减少与本地市民的接触。

3. 同化政策

外来移民和少数族裔可以被接纳为固定社会成员，但是前提是他们必须尽快完全融入当地文化。由于文化不同所引起的差异不受欢迎，如果这些差异被认为威胁侨居国的统一性，则会遭到禁止乃至压制。

---

① Alexander, M. (2003). Local policies towards migrants as an expression of Host-stranger relations: a proposedtypology. *Journal of Ethnic and Migration Studies*, 29/3, pp. 411 -430.

4. 多元文化政策

外来移民和少数族裔可以被接纳为固定社会成员，社区承认移民和原住民群体之间的文化差异，鼓励移民保持原有的文化传统，通过法律和支持反对种族主义活动的社会机构鼓励和保护移民，社区为移民提供平等机会，提倡尊重不同文化。但有些情况下可能会有遭受隔离或者被区别对待的风险。

同样着眼于地方移民政策，菲尔·伍德（Phil Wood）在12个欧洲国家的25个城市进行了调研，在亚历山大提出的四种模式的基础上又提出了跨文化模式：外来移民或少数族裔可以被接纳为固定社会成员，同时法律和相关机构承认他们保持自己国家文化的权利，通过限价政策、建立机构和开展活动的方式，创造出双方满意、相互理解、心灵相通、共同进步的发展环境。针对几个关键领域，伍德对比了不同类型的城市采取的不同应对政策，[1] 主要调查结果概括如下：

表1—1　地方移民政策的五种模式

	无政策	客籍工人政策	同化政策	多元文化政策	跨文化政策
少数族裔群体	国家忽略该群体	在某些问题上有非官方合作	国家不认可该群体	国家支持他们作为权力机构	国家支持他们作为整体的一部分
劳动力市场	忽视，对黑市活动视而不见	最低限度监管——有限的职业援助	一般的职业支持——非本民族标准	反对歧视性房屋租赁政策，反对歧视性购房政策	反对歧视性房屋租赁政策，对房地产市场进行监控，鼓励不同民族在同一社区居住

① http：//www. coe. int/t/dg4/cultureheritage/culture/cities/ICCModelPubl _ en. pdf， pp. 23 - 24.

续表

	无政策	客籍工人政策	同化政策	多元文化政策	跨文化政策
教育	暂时接受外来移民的子女入学	学校接受外来移民的子女	重视本国语言、历史、文化的学习；国家忽视或者限制补习教育	对多样性学校予以特别支持，支持外来移民和少数族裔母语学习，进行宗教、文化教育	支持双语、双文化学习，提倡跨文化能力，废除种族歧视
警方管理	认为外来移民威胁社会安全	警察机关对移民进行管理、监督和遣返	对外来移民居住区实行高度监控	警方为社会服务，实行积极的反对种族歧视政策	警方是解决种族争端、冲突的机构
公共意识	认为外来移民是潜在的威胁	外来移民只是对本国经济有利，对政治、社会、文化发展没有意义	鼓励容忍少数族裔，但对没有融入主体民族的群体则无法容忍	庆祝“多样性”节日，举办城市品牌宣传活动	积极开展跨文化活动
城市发展	忽视少数族裔聚居地的出现，除非爆发危机	暂时性容忍少数族裔聚居区的出现	少数族裔聚居区是一个社会问题，采取疏散政策和旧城改造政策，反对有象征性意义的建筑	承认聚居区和少数族裔领袖，完善聚居区，建造有象征意义的建筑，如尖塔	鼓励不同民族、种族背景的人们在同一个小区居住，共用公共空间；公职人员和非政府组织官员应当具备解决文化冲突的能力

续表

	无政策	客籍工人政策	同化政策	多元文化政策	跨文化政策
参与城市管理和公民权	没有权利且不被认可	没有权利且不被认可	为少数族裔提供帮助，但无少数族裔自己的咨询机构	设立社区领袖、少数族裔咨询委员会，按民族分配资源	鼓励跨文化领导、交流、咨询，承认种族交融，强调功能性而非象征性利用空间

伍德认为这五种模式虽然比较简略，但是能够大致描述不同城市在不同时期采取的政策。值得注意的是，不同城市在不同时期采取的政策可能是不同的。比如在参与调研的25个城市中，有些在20世纪70年代采用客籍工人政策，但是到20世纪末基本上已经转变为多元文化政策或者跨文化政策；还有一些城市在20世纪70年代可能被归为无政策或者同化政策，但是经过了30多年几乎没有明显改变。另外，某一时期同一城市在不同领域可能采取不同的政策。比如在某一城市，文化部门可能制定多元文化社区百花齐放的政策，但是住房部门只可能在每一个人都完全融入主体民族的文化之后，才制定“公平对待”的租房政策。

从这五种模式可以看出，早期的无政策模式和客籍工人政策模式完全忽略了文化多样性问题，认为外来移民会返回自己的国家，不需要制定长期政策；同化政策模式拒绝文化多样性，要求外来移民尽快地完全融入当地文化。这样的政策当时对第一代移民比较适用，但对于第二代移民的出生和成长，就显然出现了较大的局限性。在移民国出生并长大的第二代移民比第一代移民更加关心自己的权利，往往不仅要求全部的公民权、不受歧视和享有平等机会的权利，还要求获得文化尊重的权利。对文化和多样性过于简单的理解，对共同文化身份的过度强调，导致了少数族裔群体的边缘化。多元文化政策模式在过去几十年内颇受欧洲国家重视，广为推行。然而21世纪以来，此模式也陷入了困境，争议不断。在伍德看来，跨文化政策是未来欧洲城市治理文化多样性的新方向，这也是本书考察的重点。接下来的章节会回顾一下在过去几十年里多元文化政策模式的崛起和当前所处的困境，并具体讨论跨文化主义的原则及其实践。

第二章

跨文化主义：跨文化城市的实践

随着学术界、政界和大众对多元文化主义的质疑此起彼伏，多元文化政策呈现减退态势，欧洲的学术界、政府智库、政界等多方面开始探索新的多元文化治理路径。有些欧盟国家如荷兰宣布将重新推广以本土社会价值观为核心的文化社会政策，学术界一些学者也重点关注同化政策的重新崛起。这些政策和研究大多是在国家层面进行的。近年来，在英国和欧洲其他一些国家的研究、实践基础上兴起一个新的概念——跨文化主义，并尝试研究和推行一种新的城市层面的文化融合模式。本章将首先回顾多元文化主义在欧洲遭遇的困境，重点介绍跨文化主义的内涵。

第一节　多元文化主义的困境

在全球化进程中，随着移民大潮的不断流动，西方发达国家的人口日益呈现多元化的特征，简单的客籍工人政策和同化政策无法适应复杂的文化多样性问题。多元文化主义于20世纪60年代应运而生，登上当代西方政治思想舞台，并在过去几十年里成为国际社会广泛讨论的话题。多元文化主义一般被认为有以下三方面的内涵：①

首先，多元文化主义指文化和民族多样性这一事实，即多元文化社会。文化多样性起源于少数民族群体长期与主流社会群体共同存在，如比利时、加拿大、瑞典等国家存在的特殊语言区，也可能来源于具有不同文化、语言、宗教等背景的人们的迁移，世界上很多国家都是如此，美国、法国、新加坡、科威特等移民国家都是多元文化社会。当代关于多元文化主义的争论主要关注的正是后者——移民。在有些地区，多元文化主义已经成为移民引起的人口和社会变化的同义词。在这些情况下，多元文化主义通常指人口的多样性现实，不涉及政治思想和公共政策。

其次，多元文化主义作为政治思想。事实上，当人们谈到多元文化主义时，往往不只意味着人口的多样性，也指一种承认、适应并支持文化多样性的思想。多元文化主义既是公民、民间机构或政府秉持的关于移民的基本态度，也可以指一些政治理论家提出的一些具体理论。很多多元文化主义学者积极参与了公共辩论，因此他们的思想通常会产生较大影响。多元文化主义认为所有不同文化一律平等，促进公众对差异的认可。莫多德（Modood）认为多元文化主义应该被视为一种融合形式，促进不同种族、文化、宗教群体的身份和习俗在公共空间

---

① http：//www. migrationinformation. org/Feature/display. cfm？ ID = 854.

中得到认同和支持。[1] 多元文化主义学者认为如果政府公开认可少数民族群体，承认多元文化并满足少数民族群体的文化需求，可以增强社会平等。譬如，如果一项法令规定一周给商店停业休息一天，那么不同宗教信仰的商户应该能够选择他们想停业休息的时间，而不是把基督教传统中的“周日休息”强加给他们。事实上，多元文化主义学者往往积极投身公共事务，使作为一种政治思潮的多元文化主义的影响远远超出了学术界。查尔斯·泰勒（Charles Taylor）于2007年在魁北克政府中与文化差异相关的适应措施咨询委员会担任了共同主席一职；比库·帕雷克（Bhikhu Parekh）于1998—2000年领导了多种族英国委员会。

再次，多元文化主义作为一种公共政策。作为政治思潮的多元文化主义不仅承认社会中事实上存在的多元性并鼓励多样性，而且要求政府和管理机构通过公共政策来促进多样性，努力解决由于不同文化种族背景导致的不平等和歧视，当然具体的政策因时因地而异。比如，学校也许要求教师采用更多元的文学读本或者在历史课中强调种族、文化或宗教的少数族裔群体做出的贡献。再如，多元文化政策可能为某个特别的少数族裔群体调整公共措施，如提供祈祷室或者允许在校园里穿着特殊的服饰，甚至为个别种族或宗教群体提供公共资金建设专门的学校。

从20世纪60年代开始，在美国出生的非洲裔、亚裔、拉美裔美国人和印第安人一致呼吁在中小学校园和大学里承认文化多样性。1966年，英国确认了本国的移民文化多样性。1971

① Modood, T. (2007). *Multiculturalism. A civic idea.* Cambridge: Polity Press, p. 61.

年，加拿大正式宣布采取多元文化主义的联邦政策，认为国家团结对个人而言必须建立在对个人身份认同的自信基础上，承诺政府将支持少数民族群体。这是世界上第一个官方正式宣布采取多元文化政策的国家，接着是澳大利亚。一些欧洲国家如瑞典、荷兰、英国、丹麦等也于20世纪70年代至90年代在不同程度上采取了多元文化政策，分别在一定程度上将移民治理置于多元文化主义的原则指导之下，体现了多元文化主义在欧洲的发展趋势。①

多元文化政策不仅给予少数族裔文化以一定的自由空间，而且还提供特别的经济支持。例如，外来移民社团组织在所在国正式注册后，可以向政府申请活动经费，举办具有本民族文化特征的各类活动，包括为移民子女开办教授本民族母语文化的专门学校。在法国，政府官员兴高采烈地参加不同族群为自己民族节日所举办的大型庆典，以示支持。在荷兰，国家广播公司专门为土耳其、摩洛哥、印度尼西亚等不同民族国家的移民开办了民族语言广播。② 可以说，多元文化政策在一定程度上促进了移民适应新的社会环境，因此被多个国家采纳推行。

但是，在过去十年里，多元文化主义在理论上受到来自不同方面的质疑。在实践上，一些国家尤其是欧洲国家的多元文化政策出现了倒退；在理论上，一些学者批评多元文化主义秉

---

① 朱普克（Joppoke）指出，欧洲多元文化主义和加拿大、澳大利亚的多元文化主义的主要不同在于，在加拿大和澳大利亚，多元文化主义对整个社会来说是一种国民身份的选择，在欧洲则主要是作为一种移民的融合政策。Joppke，C.（2004）. The retreat of multiculturalism in the liberal state：theory and policy. *British Journal of Sociology*，55（2）：237 – 257. 需要指出的是，欧洲国家在实施多元文化主义政策的程度和具体措施上各不相同。

② 李明欢："欧洲多元文化主义的理想与困境——以西欧穆斯林移民社群为案例的分析"，《国外社会科学》2010年（6），第100—105页。

持的“不同文化一律平等”的立场，在逻辑上是不成立的。布莱恩·巴瑞（Brian Barry）认为文化的核心是关于正确与错误、真实与虚假、美与丑的价值观，这些价值观不可能都是对的。因此虽然可以宽容不同的文化，但从逻辑上讲所有文化一律平等是不可能的。[①] 乔瓦尼·萨托利（Giovanni Sartori）则批评道：“给予所有文化同等的价值实际上损坏了价值这个概念本身。如果所有事物都是有价值的，那么所有事物皆无价值：价值就失去了它的内涵。”[②] 萨托利还批评多元文化主义是单向的，即通常要求国家和主流群体认可少数族裔群体的文化，却不以同样的力度要求少数族裔群体认可主流群体文化。虽然多元文化主义的倡导者金里卡（Kymlicka）认为对移民来说，总体目标是融合到主流社会的文化中，但在一定程度上这意味着移民要部分地认可主流文化。[③] 帕雷克指出，如果移民文化与正在施行的公共价值观有冲突的话，受到争议的移民文化风俗应该妥协。[④] 然而，多元文化的理论中并没有明确地说明主流群体和少数族裔群体应该是相互认可的，而是一直暗示着是由主流群体对少数族裔群体行为的认可。此外，对多元文化主义的另一质疑是认为多元文化主义过于聚焦于文化方面而使政府和公众忽略了少数族裔被歧视的其他原因，尤其是社会经济上的不平等。理论设想是美好的，但针对少数族裔群体的多元文化政策与经济不景气经常在现实中发生冲突（如荷兰），这成

① Barry, B. (2001). *Culture and Equality: An Egalitarian Critique of* Multiculturalism. Cambridge: Polity Press, p. 270.

② Joppke, C. (2004). The retreat of multiculturalism in the liberal state: theory and policy. *British Journal of Sociology*, 55 (2): 242.

③ Kymlicka, W. (1995). *Multicultural Citizenship.* Oxford: Oxford University Press.

④ Parekh, B. (2000). *Rethinking Multiculturalism.* Basingstoke: Palgrave Macmillan.

为21世纪以来多元文化政策减退的一个重要原因。“失业、贫困、退学和犯罪集中于少数族裔群体”是荷兰分析家保罗·舍费尔（Paul Scheffer）对荷兰的多元文化主义现象颇具影响力的论断。[①]

作为公共政策的多元文化主义的吸引力近年来有所减弱，不再像之前那样广受欢迎，出现这一转折的原因非常复杂。朱普克认为主要有以下三个因素：（1）官方的多元文化政策缺乏足够的公众支持；（2）这些多元文化政策自身的缺陷和弱点加重了社会分化，导致了少数族裔群体社会经济边缘化和自我隔离；（3）国家决定给异见者自由的最低限度。[②] 伍德也指出，多元文化主义者回避了经济干预的问题，想当然地认为一旦宣布种族歧视违法，市场就会及时地接纳少数族裔群体并给予平等待遇，而事实并非如此，非正式的歧视在就业、教育等方面仍然存在。[③] 批评者认为多元文化政策否定了同化的观念，而人们普遍担心在多元文化政策下，移民会居住在同族聚居区内，导致社会日益“巴尔干化”。施莱辛格（Shlesinger）认为在美国，多元文化政策正鼓励“把全国分裂成一小片一小片争论不休的飞地、同族聚居区、部落……鼓励并赞扬文化及语言的隔离”。同样，波松达（Bissoondath）认为在加拿大，多元文化政策正鼓励移民形成“游离于主流文化之外的”、“自我

① Joppoke，C.（2004）. The retreat of multiculturalism in the liberal state：theory and policy. *British Journal of Sociology*，55（2）：243.

② 朱普克认为第一条是多元文化政策在澳大利亚减退的主要原因，而后两者是其在欧洲减退的主要因素。Joppke，C.（2004）. The retreat of multiculturalism in the liberal state：theory and policy. *British Journal of Sociology*，55（2）：244.

③ Phil Wood，Charles Landry，Jude Bloomfield.（2006）. *Cultural Diversity in Britain：A toolkit for cross-cultural co-operation*［M］. Joseph Rowntree Foundation，p. 3.

封闭的”同族聚居区。[①] 有些学者批评多元文化政策使人们忽视了社会中存在的诸多不平等，还有学者把国际恐怖主义行为归结于多元文化政策。英国历史学家叶奥激烈批判欧洲的多元文化政策是20世纪30年代绥靖政策的现代翻版。其认为，宽容的多元文化政策既为伊斯兰教在欧洲传播敞开方便之门，同时也助长了其政治观、价值观在欧洲的全面扩散，直接玷污了欧洲的传统文明。同时，欧洲向阿拉伯臣服的政策，虽然看似满足了欧洲政治家们称霸世界的野心，实际上却导致欧洲社会出现危险的背离欧洲传统的自由民主原则的倾向。[②] 施密特认为，多元文化政策的逻辑要求接受与自由主义民主价值不一致的文化习俗。他质问道，如果多元文化主义要包容族裔文化多样性，是否移民国家就要接受女性割礼的习俗，或接受在法律上承认包办婚姻？他担心多元文化主义会成为特洛伊木马，损害移民国家传统的自由平等的价值和原则。[③]

对于各种关于多元文化主义的批评，主要有两种反应。一种是典型的自由平等主义的维护性反应。多元文化主义的理论土壤是自由平等主义理论，后者为前者提供了重要的理论支撑。自由平等主义者认为多元文化主义是一种完美的政策，但对它的诠释和执行却很糟糕。要解决多元文化主义遭受的政治挫败，方法在于提高对多元文化主义的解释和执行。[④] 金里卡

---

① 施莱辛格和波松达的观点引自威尔·金里卡著，邓红风译：《少数的权利——民族主义、多元文化主义和公民》，上海世纪出版集团2005年版，第155页。

② Ye'or, Bat. (2005). *Eurabia: The Euro-Arab Axis. Cranbury*. N. J.: Fairleigh Dickinson University Press.

③ Schmit, Alvin. (1997). *The Menace of Multiculturalism: Trojan Horse in America*. Westport, Connecticut and London: Praeger Publishers.

④ Kymlicka, W. (2005). The uncertain futures of multiculturalism. *Canadian Diversity*, 4 (1): 82-85.

是加拿大著名的政治经济学者，以研究多元文化主义著称。他认为多元文化主义并不是分离主义，因为现在的多元文化政策没有为少数族裔群体产生创造和保持其独立的社会性文化所需要的公共机构。事实上，还没有产生任何允许移民群体使用母语加入现代生活的学术、政治和经济机构。换言之，多元文化主义的政策没有削弱自由民主国家一体化进程的基本支柱，也无法满足某些族裔群体的希望，即多元文化政策会提供导致更加全面的自治政策的起点，而是鼓励移民在保持对其种族及宗教认同的同时融入主流的社会文化，以使社会文化更加丰富和多元化。[①] 另一种是典型的公民共和主义的反应，要求削弱多元文化政策，更多地采取国家主义和同化主义的政策。在公民共和主义者看来，旨在通过认同和接受差异来促进社会融合的多元文化主义方法，实际上是对非自由主义的观点过于宽容。公民共和主义者认为多元文化主义已经走到了末路，应该被一种新的多样性管理模式所取代。[②]

在政策层面，在欧洲一些国家，20 世纪 90 年代开始就出现了多元文化政策减退的迹象。[③] 比如在荷兰，90 年代中期倾向左翼自由主义的荷兰政府认为多元文化政策存在着一些问题：首先，移民的来源越来越多元化，很难再维持以前界定少数族裔并给予特殊待遇的旧方法。其次，把少数族裔人口作为

① 威尔·金里卡著，邓红风译：《少数的权利——民族主义、多元文化主义和公民》，上海世纪出版集团 2005 年版，第 166—169 页。

② Maxwell, B. , Waddington, D. & McDonough, K, et al. (2012). Interculturalism, multiculturalism, and the state funding and regulation of conservative religious schools. *Educational Theory*, 62 (4): 417 -447.

③ Joppke, C. (2004). The retreat of multiculturalism in the liberal state: theory and policy. *British Journal of Sociology*, 55 (2): 247 -250.

特殊群体对待产生了不良后果，如加重了他们与主流社会的隔离。第三，通常不能解决少数族裔不能移民及其子女最为迫切的问题，即失业和经济的边缘化。在多元文化政策下，少数族裔的下层阶级开始出现，包括那些觉得自己不认同荷兰文化和社会、不愿意也没有能力融合到主流社会和文化的人们。于是荷兰政府开始放弃多元文化主义的少数民族政策，转向促进社会融合的政策，期望移民在融合的过程中发挥更多努力，因此开始对移民提出要求，譬如要求非欧洲移民必须参加一定课时的语言和文化培训。2001 年春夏之际，在英国北部几个城市发生了 20 年来最严重的种族骚乱，使英国政府和公众重新审视多元文化政策。骚乱事件调查委员会在调查中发现，这些城市中的不同种族群体居住在隔离的区域，教育机构、社区和志愿者机构、工作场所、祈祷场所、语言、社会文化网络都是相互隔离的。可以说，不同种族的社区互相平行生活，没有交集。调查报告指出，多种族的英国是很多群体的英国，但是缺少一个统一的大社区把不同群体连结起来。1981 年，布里克斯顿骚乱之后英国政府宣布采取多元文化主义作为少数族裔的社会融合之路。20 年后的 2001 年，英国政府在严重的种族冲突后认为不能局限于多元文化主义。发生在荷兰和英国的政策转向并非偶然，这在欧洲其他国家也不同程度地存在着，广泛激起了公众对多元文化主义的焦虑，而一些国家的右翼政党（如荷兰的自由党、瑞典的民主党、芬兰的真正芬兰人党）近年来频频抓住选民关注的移民问题，掀起反移民之风，推崇极端的民族主义和种族主义，获得了部分选民的支持，在欧洲政坛上异军突起，成为一支不可忽视的力量。

多元文化主义在欧洲衰败的迹象在最近几年尤为明显。[①] 2010 年，法国总统萨科齐在民众的抗议声中遣返了大批罗姆人（又称吉普赛人）。[②] 虽然许多团体和政府以侵犯人权的名义对法国进行了谴责，但在欧盟各国中，意大利和英国明确表示支持法国的做法，德国、丹麦、瑞典因为驱逐过罗姆人而保持了沉默。[③] 2010 年 10 月，德国总理默克尔称，德国构建多元文化社会、让拥有不同文化背景的人一起生活的努力“彻底失败”，德国人和外国劳工能“快乐地并肩生活在一起”是一种不切实际的幻想，新移民有责任付出更多努力融入德国社会。[④] 2011 年 2 月，法国、英国、荷兰也相继宣布本国多元文化主义失败。法国总统萨科齐直指多元文化政策在法国已失败，他认为法国尊重差异，但是来到法国的新移民必须让自己认可法国所崇尚的价值。“法兰西的国民不能接受部分新移民所提出的诸如男女不平等、让小女孩失去上学自由等生活方式的改变。”[⑤] 英国首相卡梅伦在公开演讲中表示，在多元文化原则的指导下，政府鼓励不同的文化族群隔离生活，导致一些年轻的英国穆斯林走向个人极端主义，甚至恐怖主义。[⑥] 荷兰副首相马克西姆·费尔巴哈则说：“希望荷兰人像美国人一样首先说

---

① 陈天林：“欧洲移民社会冲突中的多元文化主义困境”，《社会主义研究》2012 年（1），第 134—136 页。

② http：//www. bbc. co. uk/news/world-europe－11020429.

③ http：//www. dailymail. co. uk/news/article－1312583/Cameron-lends-Sarkozy-support-row-Roma-gypsies-expulsion-rages. html.

④ http：//www. theguardian. com/world/2010/oct/17/angela-merkel-german-multiculturalism-failed.

⑤ http：//www. dailymail. co. uk/news/article－1355961/Nicolas-Sarkozy-joins-David-Cameron-Angela-Merkel-view-multiculturalism-failed. html.

⑥ http：//www. independent. co. uk/news/uk/politics/cameron-my-war-on-multiculturalism－2205074. html.

自己是荷兰人，之后才是自己先前居住的国家。”他强调，移民必须接受荷兰的价值观。[①] 2011 年 6 月，荷兰政府表示，将改变现有移民政策，放弃多元文化政策，继而重新推广以荷兰本土社会价值观为核心的文化社会政策。

欧洲有些学者承认多元文化主义的缺陷，也意识到回归民族主义和同化主义的危险，积极寻求多样性治理的新模式，其中一个重要转向即跨文化主义。麦克尔·爱默生（Michael Emerson）认为目前欧洲对文化多样性的政策趋向在欧盟和成员国家法律层面上仍是基于合法权利的非歧视范式，这由《里斯本条约》得以确立。这种范式既可以被认为是被动自由主义的多元文化主义，也可以被认为是对同化主义的支持。而近年来欧盟国家采取的积极多元文化政策正在消退，英国和荷兰即是典型例子，而在德国和法国多元文化政策也被最高政治层否认。爱默生认为欧盟的融合和公民身份政策总体上更加保守，更多向同化主义发展。但是如果欧洲国家的右翼政党的种族主义排外政策能获得更多支持，那么可能对二战以来欧洲的政治价值观造成巨大挑战。爱默生指出，也许更可取的是多元文化主义和同化主义两个极端之间的跨文化主义。[②] 跨文化主义有望填补多元文化主义之缺陷，更能促进社会融合之目标，是多元文化主义的有力取代者。近年来，跨文化主义逐渐得到欧美学术界和政策制定者的关注，其在学术界引起的争论、在政策方面的实践和成果都值得我们研究。本章第二节将详细阐述跨文化

---

① http：//www. crethiplethi. com/dutch-deputy-prime-minister-multicultural-society-has-failed/eu/2011/.

② http：//www. alleuropa. ru/interculturalism-between-the-twin-hazards-of-multiculturalism-and-assimilation.

主义的内涵和原则，分析跨文化主义与多元文化主义的异同。

第二节　跨文化主义与跨文化城市：概念与实践

一、跨文化主义的概念

跨文化主义是采用跨文化方法治理文化多样性的基础。菲尔·伍德提出，跨文化主义“不仅追求机会平等和尊重文化差异，而且关乎公共空间、政府机构和市民文化向多元化转变……城市要制定政策优先资助促进多元文化群体互动和相互影响的项目……城市政府应该在各个领域促进多数群体和少数群体、主流文化和次文化，不同籍贯、阶级、信仰、行业的人们之间的相互交流，使之成为文化、社会、公民和经济创新的源泉”。[①]

在20世纪90年代荷兰、德国关于融合的论述中，以及西班牙和希腊关于移民的教育问题研究中就提出了跨文化主义的概念。21世纪初，多元文化主义的困境开始在英国话语中崭露头角。[②]

跨文化主义认为一种文化不能在孤立中发展，而应在与其他文化的交流中得以发展。跨文化主义主张加强文化之间的互

---

① Meer, N. and Modood, T. (2012). How does interculturalism contrast with multiculturalism? *Journal of Intercultural Studies*, 33 (2), pp. 175 – 197.

② Wood, Phil., Landry, Charles., & Bloomfield, Jude. (2006). Cultural Diversity in Britain: A toolkit for cross-cultural co-operation [M]. London: Joseph Rowntree Foundation, p. 9.

动交流，从而建立互信和理解。伍德表示，交流是旨在促进对话、理解的跨文化方法的核心特征和主要方式。① 跨文化主义与多元文化主义不同，跨文化主义不但充分认识到应该使每种文化能够生存并繁荣，而且认为所有文化都有权利对他们所在区域的文化做出贡献。② 多元文化主义强调尊重和保护少数族裔的文化特点，这一方面有利于移民保留自己的文化传统和价值观，但同时在一定程度上造成移民与主流社会的隔离，因此近年来颇受诟病。跨文化主义的核心则在于加强不同文化群体之间的互动和交流，认为只有通过增加彼此交流和了解才能减少误解和猜疑，在差异中和谐相处。但是跨文化交流很多时候不会自然发生，人们往往习惯于在自己的舒适范围里，不愿主动和陌生人交流，因此需要政府制定相应的政策鼓励和促进跨文化交流。跨文化政策与其他政策的主要区别在于，其他政策都暗示着移民要调整自己、适应主流社会和文化，而跨文化政策的理念则是在多元文化的状态下，所有人包括作为少数群体的移民和作为多数群体的原市民都要做出调整，彼此适应。③ 爱默生认为跨文化主义是在多元文化主义和同化主义两个极端之间寻求妥协的结果，跨文化主义尊重少数族群，致力于改善一些不公平的状况，而且旨在保证对移民接纳国的价值观、历

① Wood, Phil., Landry, Charles., & Bloomfield, Jude. (2006). Cultural Diversity in Britain: A toolkit for cross-cultural co-operation [M]. London: Joseph Rowntree Foundation, pp. 3 – 5.

② Ibid, pp. 5 – 9.

③ Wood, Phil. What is Intercultural City and how can we create it? [EB/OL]. [2012 – 09 – 20]. http://www.coe.int/t/dg4/cultureheritage/culture/Cities/Publication/BookCoE05 – PhilWood.pdf.

史和传统的承诺，包括运用融合政策来消解族群隔离。[①]

作为一个新兴起的概念，学术界对跨文化主义还存在一些争论。比如有的学者认为跨文化主义的内涵与多元文化主义有许多共通之处，认为跨文化主义是多元文化主义的延伸，而不是独立的新概念。如米尔（Meer）和莫多德（Modood）对比了跨文化主义和多元文化主义的异同，认为在承认文化多样性问题上二者的方法有很多相似之处，跨文化主义虽然在鼓励交流、认可灵活的公民身份、促进团结和反对非自由主义等方面有明显优势，但这些内容其实也是多元文化主义的内在特征。对于伍德特别强调的沟通对于跨文化主义的重要性（即跨文化方法的核心特征和主要方式），米尔和莫多德认为沟通和对话不单为跨文化主义所独有，在多元文化主义的论述中大都认可了其重要性，沟通和对话也是多元文化主义的核心。跨文化主义不足以成为多元文化主义的升级版。[②] 也有学者从社区发展的角度批评跨文化主义只是表面的对话方法。如吉尔克里斯特（Gilchrist）认为仅仅鼓励不同群体的人们一起参加活动，不一定能解决生活中真实存在的不平等问题。[③] 跨文化主义的先驱人物菲尔·伍德认为，提倡跨文化政策并不是全面否认多元文化主义，跨文化政策是汲取以前的各种政策的经验而进一步发展的，希望通过跨文化主义这样一个新的视角为欧洲应对文化

---

① Emerson, Michael (ed.) (2011). *Interculturalism: Europe and its Muslims in Search of Sound Societal Models* (Brussels: Centre for European Policy Studies), pp. 2 – 3.

② Meer, N. and Modood, T. (2012). How does interculturalism contrast with multiculturalism? *Journal of Intercultural Studies*, 33 (2), pp. 175 – 197.

③ Gilchrist, A. (2004). Community developmentor community cohesion: bridges or barricade. London: Community Development Foundation in association with The Runnymede Trust, p. 13.

多样性开启一条新的道路，帮助欧洲城市从相互隔离的多元文化城市变成相互交融的跨文化城市。[①] 卡特里娜·伯德斯基（Katharina Bodirsky）认为跨文化主义不是激烈地背离多元文化主义，也不是有些多元文化主义学者所声称的“新瓶装旧酒”，可以说跨文化主义解放了多元文化主义。[②]

如多元文化主义一样，跨文化主义不仅是一种新的思潮，也是代表着一种新的公共政策模式。下面将重点介绍跨文化主义的一项重要实践，即“跨文化城市”建设。

二、跨文化城市

“跨文化城市”是欧盟委员会（European Commission）和欧洲委员会（Council of Europe）[③] 于2008年欧洲跨文化对话年之际联合发起的一个项目，起源于三个彼此独立又相互关联的进程。[④]“跨文化城市”的概念则起源于以下三个不同事件的发展：

1. 欧洲跨文化对话年

根据2006年12月18日欧洲议会和欧洲委员会的1983/

---

① Wood, Phil., & Landry, Charles. *The Intercultural City*: *Planning for Diversity Advantage* [M]. Earthscan, London, 2008, p. 29.

② Bodirsky, Katharina. (2012). The Intercultural Alternative to Multiculturalism and its Limits. *EASA Workshop* 2012: *Working Papers. Paper* 8., p. 6.

③ 欧盟委员会是欧盟的常设执行机构，也是欧盟唯一有权起草法令的机构，详见http://ec.europa.eu/index_en.htm。欧洲委员会是欧洲一个重要的人权组织，共有47个成员国，其中28个是欧盟成员国，其所有成员都签署了《欧洲人权公约》，旨在保护人权、民主和法治，详情请见：http://www.coe.int/aboutCoe/index.asp?page=quisommes-nous&l=en。

④ Wood, Phil (ed). (2009). *Intercultural Cities*: *towards a model for intercultural integration* [*M*]. Strasbourg, Council of Europe, pp. 18-20.

2006/CE 号决定，欧盟委员会宣布 2008 年为“欧洲跨文化对话年”，将文化差异问题置于有关欧洲公民权的思考当中来考察，旨在通过发起一系列活动和项目，推动欧盟内部的跨文化对话，提高公众对文化多样性的认识，倡导通过跨文化对话来增强互相理解和尊重、获取文化多样性带来的优势。[①] 在欧洲跨文化对话年中欧洲委员会通过了《跨文化对话白皮书》。作为实践《跨文化对话白皮书》的一项行动计划，欧洲委员会和欧洲议会在欧洲跨文化对话年（2008 年）发起了“跨文化城市”项目，成为跨文化对话年的标志性项目并在之后持续发展下来。

2. 欧洲委员会《跨文化对话白皮书》

欧洲委员会研究跨文化对话已有 30 多年的历史。20 世纪 80 年代，在预防、和解冲突以及公民民主教育双重背景下，欧洲委员会正式提出“跨文化对话”这一概念。为了制定推进跨文化对话的长期政策，2008 年 5 月，47 个欧洲委员会成员国的外交部长通过了《跨文化对话白皮书》。白皮书的基础是欧洲委员会关于人权、少数族裔权利和文化多样性领域的主要原则和相关法律文件。白皮书定义“跨文化对话”为“来自不同种族、文化、信仰和语言背景的个人与群体，本着开放与尊重的原则相互交流，形成相互理解与尊重的传统”。[②]《跨文化对话白皮书》认为要促进跨文化对话必须建立恰当的治理结构、培养公共机构和社会服务机构的跨文化能力，并为跨文化对话的开展提供机会和空间，是在欧洲范围内把跨文化对话作

---

① http：//ec. europa. eu/culture/our-policy-development/intercultural-dialogue/intercultural-cities_ en. htm.

② http：//www. coe. int/t/dg4/cultureheritage/culture/Cities/ICCconcept. pdf.

为政策概念的正式文件。

3. Comedia 智库

英国在20世纪60年代以来推行多元文化政策，努力保证新移民在就业、教育等方面的权利，以及保留、发展其原有文化的权利，如语言、宗教信仰，还建立了一些宗教学校。然而，2001年一系列城市骚乱的发生招致了对多元文化主义的质疑和批评。人们重新审视多元文化主义和种族的问题，发现在多元文化政策实行40年之后，不同种族的人们在很大程度上仍然处于隔离状态——人们居住在相邻的社区，却很少交流，各自有独立的生活圈子，没有交集。这种模式在经济状况良好时表现尚可，然而一旦经济出现困难，这种模式便会加剧不同文化的群体争取资源的竞争，甚至引发冲突。[①] 出于对多元文化政策的失望和对新的治理方法的探索，英国 Comedia 智库[②]于2004年至2006年进行了一项“跨文化城市”研究，最先提出了“跨文化城市”概念，建议通过“跨文化透视镜”审视城市政策，分析了建设跨文化城市的10个步骤以及跨文化主义的指标。[③]

“跨文化城市”（Intercultural Cities）的理念主要来自于英国 Comedia 智库于2004年至2006年进行的“跨文化城市”项目的研究成果。由于大多数外来移民和许多少数族裔都选择在欧洲乡镇和城市定居，“跨文化城市”认为，正是这些拥有大

---

① Wood, P., Landry, C., & Bloomfield, J. (2006). *Cultural Diversity in Britain: A toolkit for cross-cultural co-operation* [M]. Joseph Rowntree Foundation, pp. 1-3.

② 英国智库 Comedia 由 Charles Landry 于1978年成立，聚集了一批专家学者致力于城市生活、文化和创新力的研究。

③ Wood, Phil (ed). (2009). *Intercultural Cities: towards a model for intercultural integration* [M]. Strasbourg, Council of Europe.

量移民的城市将决定未来欧洲在文化多样性方面的走向，移民问题已经日趋成为一个地区性问题或城市性问题，而并非全国性问题。针对文化多样性的挑战应该更多地从城市治理的层面考虑解决方案。[①] 该项目通过研究英国、挪威、美国、澳大利亚等一系列的多元文化城市个案，探索如何更好地理解文化多样性的价值和城市中跨文化交流的作用。该研究发布了一系列专著和报告，提出要用跨文化的方法治理城市的多元文化，阐释了“跨文化城市”的概念、理论基础和建设跨文化城市的指导原则与实施步骤，成为欧盟委员会和欧洲委员会实施“跨文化城市”项目的基石。[②] “跨文化城市”的三个核心概念之一即上文中阐述的跨文化主义，另外还包括文化多样性优势和开放性。[③]

在“跨文化城市”看来，跨文化主义（Interculturalism）指促进不同群体通过交流相互学习、理解和共同发展，在此过程中人们获得“跨文化能力”（Intercultural Literacy），能够通过“跨文化透视镜”（Intercultural lens）重新看世界。文化多样性优势即“跨文化城市”认可文化多样性能够带来各种优势（外来移民已经在应对欧洲人口出生率下降方面体现了明显优势，不仅如此，文化多样性还会带来技能互补、创新力等方面的优势），成为城市发展创新的源泉。开放性指个人或群体之间的文化差异或文化多元性得到认可、尊重和鼓励的程度，尤

① Guidikova，*Irena. Intercultural diversity management—Europe cities showing the way* [EB/OL]，[2012 - 09 - 20]．

② The Origins of the Intercultural Concept [2012 - 09 - 20]，http：//www. coe. int/t/dg4/cultureheritage/culture/Cities/origin_ en. asp.

③ Wood，P.，Landry，C.，& Bloomfield，J. （2006）. *Cultural Diversity in Britain：A toolkit for cross-cultural co-operation* [M]. Joseph Rowntree Foundation，pp. 56 - 61.

其是城市居民对差异的接触程度以及政府是否鼓励不同群体在公共空间的交流。伍德指出，跨文化主义需要将开放作为其前提条件，但开放并不能保证跨文化主义，它只为跨文化主义的发展提供环境。

“跨文化城市”项目在实践过程中突破了传统的文化融合的观念，提出了跨文化融合的概念。[①] 近年来，欧洲各国关于移民文化融合的讨论已经日趋过度政治化，反映了传统的左派和右派间的分歧。传统的文化融合观念一般都将融合看作是把资源从原有居民向新移民的再分配，意味着原有居民和新移民之间的利益冲突，把移民当作潜在的威胁。而跨文化融合认为移民是一种资源，当地政府应该有责任了解移民的知识技能特点，使之为城市发展服务。

欧洲在过去几十年里进行的文化融合努力主要在硬件方面，即努力为移民提供住房、工作、健康保险、教育机会，却忽视了提高决策者和普通公众理解和应对文化多样性的能力，多元文化引起的冲突近年来有愈演愈烈之势。“跨文化城市”强调应该以一种新的理念对待文化多样性，即把文化多样性作为创新力的源泉，并愿意为实现文化多样性优势创造条件。这需要所有城市治理部门、原居民和外来移民的共同参与和努力。“跨文化城市”并不觊觎一揽子解决文化多样性的问题，从根本上看，“跨文化城市”不是一个项目或几项政策，而是在于改变人们对待文化多样性的理念，采用跨文化的方法进行

---

① Guidikova, Irena. Intercultural cities: cultural sensitivity makes the difference in integration. Paper presented on International Symposium on Interculturalism. Montreal, May, 2011. [2012-09-22]. http://www.symposium-interculturalisme.com/pdf/actes/Chap4_1Guidikova.pdf.

城市治理。[①]

菲尔·伍德这样描述一个真正的跨文化城市：跨文化城市的居民拥有多元化的背景，体现在国籍、血统、语言以及宗教信仰等方面。大多数居民认为文化多样性是资源，而非难题，他们承认在公共空间相遇时，所有文化都会改变。政府要公开宣布尊重多样性和城市的多元化特点。跨文化城市大力消灭偏见和歧视，调整政府管理的结构、机构和服务，以满足不同背景人群的需要，同时不损害人权、民主和法制的原则。在与商业、社会团体、公共服务机构的工作人员合作时，跨文化城市的政府运用各种政策和活动鼓励不同文化背景的各团体更加广泛地交流融合、相互影响。城市信任度高、社会凝聚力强，二者有效防范冲突与暴力，促进政策落实，增强城市对民众和投资商的吸引力。[②] 跨文化城市的定义是一个城市文化多样性治理的目标，个别的活动或小规模的政策改变无法实现这一愿景，城市必须制定全面的跨文化城市战略，城市的多元文化治理和主要的城市政策需要通过跨文化透视镜的审核——意味着在制定城市政策时应采取跨文化的视角，思考这项政策是否能够促进不同群体之间的跨文化交流，以及如果不能的话应该怎么做。跨文化城市是一项较新的实践，目前有关的系统研究为数不多。考瓦诺瓦－鲁比康多（Khovanova-Rubicondo）和皮奈力（Pinelli）回顾了有关文化多样性的相关文献，发现相当一

---

① Guidikova, Irena. Intercultural cities: cultural sensitivity makes the difference in integration. Paper presented on International Symposium on Interculturalism. Montreal, May, 2011. [2012－09－22]. http: //www. symposium-interculturalisme. com/pdf/actes/Chap4 _ 1Guidikova. pdf., p. 7.

② Wood, Phil (ed). (2009). *Intercultural Cities: towards a model for intercultural integration* [M]. Strasbourg, Council of Europe, p. 17.

部分研究已经涉及到了跨文化方法的核心要素和概念，如文化多样性对城市社会、经济等方面的影响，认为城市的多元文化能够为生产力和创新带来优势，强调如何从跨文化的视角重构城市政策是应对城市文化多样性的关键。①

菲尔·伍德指出，提倡跨文化政策并不是全面否认多元文化主义，跨文化政策是通过汲取以前的各种政策的经验而进一步发展的，希望通过跨文化主义这样一个新的视角为欧洲应对文化多样性开启一条新的道路，帮助欧洲城市从相互隔离的多元文化城市变成相互交融的跨文化城市。② 应对多元文化的挑战不是可以一蹴而就的事情，需要城市管理者、原市民和新移民持续不断地探索和努力。在很大程度上，跨文化城市提出了一个新的理念和操作性很强的路径。经过几年发展，跨文化城市战略项目的参与城市范围已经超过了欧洲。2010 年，墨西哥城加入了欧盟“跨文化城市”项目，并于 2011 年第一次发布了跨文化指数。2009 年起，在日本教育基金会的组织下，欧洲委员会和日本进行了多次政治家、官员和专家间的互访。2012 年 1 月，来自日本、韩国和欧洲九个城市的市长及专家参加了在东京举办的亚欧跨文化城市国际论坛峰会，峰会宣布通过了跨文化城市之间伙伴关系的《东京宣言》。③ 2012 年 10 月，来自日、韩、欧 11 个城市的市长参加了在日本举办的滨松峰会，

---

① Khovanova-Rubicondo, Kseniya., & Pinelli, Dino. Evidence of the Economic and Social Advantages of Intercultural Cities Approach. [EB/OL]. [2012 - 09 - 20] http://www.coe.int/t/dg4/cultureheritage/culture/Source/Cities/Review.doc.

② Wood, Phi., & Landry, Charles. *The Intercultural City: Planning for Diversity Advantage* [M]. Earthscan, London, 2008, p.14.

③ http://www.jpf.go.jp/e/about/press/dl/0685.pdf.

通过了《滨松宣言》,[①] 标志着日本和韩国城市加强了与欧盟“跨文化城市”项目的合作，迈出了建设“跨文化城市”的步伐。在“跨文化城市”项目的启发下，结合加拿大魁北克省的自身情况，加拿大学者布查德（Bouchard）提出魁北克省治理文化多样性应采取跨文化主义的模式，以他为代表的一批加拿大知识分子正在推动跨文化主义在加拿大的发展。[②]“跨文化城市”项目体现了欧盟应对文化多样性的一种新思路和做法，取得了良好效果并体现出推广的态势，这一新的方向值得我们持续关注。在接下来的章节中，本书将详细介绍跨文化城市建设的步骤、战略和评估方法，为中国城市发展提供借鉴。

---

① http：//www. iccsummit2012hamamatsu. jp/en/declaration. html.

② Bouchard，G. What is interculturalism? ［J］ McGill Law Journal，2011，56（2），pp. 435 – 468.

第三章

跨文化城市要素

一个城市虽然可能已经具有不少跨文化的特征和实例，但是不论是国内还是国外的公众对此可能知之甚少。一个理想的跨文化城市应该有意识地搜寻以及认可这些特征和实例，并在此基础上制定一定的政策和发展策略，而且有合适的资源去支持政策和策略的执行。

第一节　政府层面

一、一个开放、包容的城市

一个跨文化城市应该向公众说明本市已经清晰理解了跨文化城市战略，并且会将跨文化的方法应用于城市建设，开展意义重大的活动纪念城市进入了跨文化的新时代，同时也会孜孜不倦地在建设中说服和鼓励城市中其他主要利益集团积极参与。例如，忏悔过去的错误行为，或者指定一天为“跨文化理解日”，或者通过奖励和其他机制表彰并且感谢为增进跨文化信任和理解做出贡献的行为和个人。

2001 年，奥斯陆市（挪威）[①] 宣布一项名为“OXLO-Oslo Xtra Large”（“更大的奥斯陆”）的政策，公开表明奥斯陆是一座开放、包容的城市。其宣言“奥斯陆——一座无所不包的城市”得到议会一致通过。这项宣言称：“奥斯陆的所有公民都有同样重要的价值，他们是奥斯陆的未来，是奥斯陆最宝贵的资源。虽然我们公民的种族、文化和宗教背景不同，但是他们拥有相同的基本权利、义务和责任。……奥斯陆市政当局的目标是：在公职人员和领导者方面，以及在市政服务方面，反映出该市人口的多样性”。

跨文化城市的包容性很大程度上取决于其对外来移民的态度上。对于初来乍到的人们来说，不管他们自身条件如何，都会感觉到一定程度上的迷失，需要各种形式的帮助和引导。这些帮助和引导如何整合和普及将在很大程度上影响人们能否安居乐业，能否融入当地社区。移民接收城市对新移民的到来是持惊讶亦或是警觉的态度，还是做好了充足的前期准备，这一点对跨文化关系的影响是巨大的，但确是常常被城市建设所忽略的。因此地方政府应该组织活动帮助新移民了解政策制定机构、非官方组织和服务，了解考核标准进而学习相关技能；发起迎新活动和城市探游项目，[②] 带领新居民参观城市，同时也鼓励当地居民游览从未去过的地方；[③] 对于城市项目还应注意

① http：//www. coe. int/t/dg4/cultureheritage/culture/cities/ICCModelPubl_ en. pdf p. 49.

② 鹿特丹市（荷兰）为新移民制定了一套综合服务体系，涵盖语言培训、住房、就业等方面。见“鹿特丹欢迎你”，http：//www. welkominrotterdam. nl。

③ 鹿特丹本地市民也可以探访自己没有去过的地方，比如参观其他族裔市民的家，见 http：//www. citysafari. nl。

向导的选择，要确保向导也应来自不同的文化背景；当地政府还应该关注文化的展现形式，可以通过文学作品、歌曲、神话故事或者具有象征意义的事件等表达方式，确保不同的文化以自己最适合的方式参与进来。通过这些活动，来自不同文化背景的人们相互了解、共同体验城市的服务和设施，达到文化融合的效果。

蒂尔堡市（荷兰）[①] 每月都会为通过跨文化融合项目测试的移民举办特别典礼。典礼中，高级市政官宣布这些移民正式成为蒂尔堡居民。典礼结束后，还有观光巴士载他们游览城市，参观蒂尔堡的历史名胜和文化遗产。除此之外，市政当局每年还会为新居民举办一次大型宴会。某些街区和公寓大楼还有“特别迎新导游”，指导新移民如何适应蒂尔堡的生活，向他们提供重要的城市信息（如医生、医院、警察局、市政厅、公共交通等）。该市的跨文化融合项目中还有一项“伙伴制度”——相同国籍的公务员和新移民结伴，新移民可以用自己的母语和伙伴交流。

二、一个国际化的城市

一个真正意义上的跨文化城市应该在宣布城市欢迎来自世界各地具有不同思想和影响力的人们的同时积极向外界展现自己的形象；积极和外界拓展合作关系，如贸易、学术交流、旅游等，尤其是与本市少数族裔或移民的输出国建立独立的贸易和政治联系。不论你是生意人、游客，还是初来乍到的移民，

---

① http://www.coe.int/t/dg4/cultureheritage/culture/cities/ICCModelPubl_ en.pdf p.71.

都会感受到这个城市的友好和亲近，进入其经济、专业和社交领域的机会都是敞开的。

卢布林市（波兰）[①] 成立了“欧洲区域信息与文化合作中心”（the Euroregional Informationand Cultural Cooperation Centre）。该中心的宗旨是“接近，再接近”（“Closer and closer”），任务是为卢布林、卢茨克（乌克兰）和布雷斯特（白俄罗斯）三座城市的跨边境文化合作提供持续支持。作为卢布林市政府的实体部门，该中心在三市文化机构、文化团体的合作方面承担重要任务，如交流文化活动信息、组织跨境文化活动等。

三、跨文化领导力

跨文化城市的价值观是建立在各级机构和社区之间透明、可靠、互信的基础上。在民主和决策的过程中，虽然其中一部分是由国家层面来决定的，但是一个市政厅的力量也不容小觑，会影响多元文化族群在权利和资源分布进程中的互动、合作。[②] 跨文化城市要求各级别、各领域中政府领导力的体现，除此之外，非政府机构、社区和各种合作关系网中的领导力也同等重要。政府需要在民间团体和公共机构中推行跨文化决策，支持来自不同文化背景的公民和政治领袖，[③] 提高领导者的跨文化知识和能力。

---

① http://www.coe.int/t/dg4/cultureheritage/culture/cities/ICCModelPubl_ en.pdf p.67.

② 2005 年，奥斯陆市成立了“多样性与文化融合办公室”。该机构主要任务是增进与少数族裔的交流、管理“奥斯陆大区”活动，以及为少数族裔非政府组织提供帮助。

③ 里昂市（法国）在政府工作人员的招聘和就业中，将就业多样性、公平原则落实到位。今后，市政府将为优秀单位颁发荣誉称号，鼓励企业和机构一起实践城市多样性政策。

巴塞罗那市（西班牙）[①] 任命了“移民与跨文化对话市长专员”，负责协调城市的移民政策和跨文化对话事务。专员与所有政府部门都有工作往来，职责范围非常广泛。专员最重要的职责就是明确市长在跨文化政策方面的领导力。该市还成立了由市长担任主席的“巴塞罗那市移民委员会”，旨在促成政治共识，并为制定移民计划做准备。

维也纳市（奥地利）[②] 政府设立了“维也纳跨文化融合基金”（The Viennese Integration Fund），以社会福利工作为主，也是移民机构的主要拨款单位。基金为移民组织成立了伞式组织——跨文化融合会议“Integrationskonferenz”。跨文化融合会议不仅是移民机构和倡议团体处理移民事务的网络和服务中心，也是移民发表意见的平台。

第二节　组织机构层面

一、跨文化信息搜集机构

如同其他政策一样，跨文化政策是依赖城市实情的。如果一个城市不了解自己的市民，不了解他们的民族和生活方式，也不了解不同背景的市民该如何相处，那么这个城市就不能被称为跨文化城市。因此需要设立城市跨文化情报职能，建立跨文化监测站，收集并且跟踪当地的信息和数据，对现有城市数据从跨文化视角进行分析，调研城市不同文化间的交流状况，

---

① http://www.coe.int/t/dg4/cultureheritage/culture/cities/ICCModelPubl_ en.pdf. p. 73.

② http://www.wik-vernetzungsbuero.at/.

观察记录当地和其他地区的优秀做法，找出城市信息库中的缺失，并增加和设计新的数据和分析方法（如跨文化城市指数，见下章），令城市的“跨文化形象”更加鲜明、清晰，从而向当地机构提供专家意见、分配专业人员，优化当地学习网络。雷焦艾米利亚市（意大利）[1] 就和当地一所大学合作，监测移民的适应程度和生活状况、公共舆论以及城市政策的效果，还建立了跨文化中心（Mondinsieme）。

二、媒体战略合作机构

在跨文化城市中，新闻单位以负责任、跨文化的方式报道新闻，在扩大移民及少数族裔媒体覆盖率和加强社区媒体建设之间找到平衡点。当然，当地媒体参与跨文化城市建设并不只是承担报道的责任，还需要提供广泛的支持并参与跨文化城市建设进程的讨论，例如定义跨文化城市倡议，并在当地宣传其重要信息。同时城市也需要面对媒体行业存在的不平衡。主流媒体大多缺乏对文化多样性所带来挑战的公开对话，如语言、种族、民族、信念、性别等等。

媒体在两方面需要关注文化多样性：一是内容上，媒体所表达内容大多没有反映如今社会的多样复杂性；二是聘任制度上，在媒体工作的员工所体现出来的文化多样性大大低于其读者的文化多样性。媒体行业的从业人员，包括编辑和记者跨文化沟通的技巧和能力有待提高。

因此，跨文化城市中媒体策略应该注重媒体监控，提高跨

---

① http：//www. municipio. re. it/Assistenza/migrare05/migrare. nsf/pagine/0BDA35418C1FAD69C12570190031E84E？OpenDocument.

文化敏感度，关注公众对跨文化事件的讨论，努力消除成见。为在业人员提供关于文化多样性、跨文化沟通技巧的培训，进行专业发展以及相关的记者教育和课程改革，倡议报道文化多样性，对边缘化社区和社会机构的帮助，创办奖项表彰在此方面表现优异的媒体。

英国城市莱斯特[①]在跨文化媒体方面表现相当出色。《莱斯特水星报》（Leicester Mercury）拥有20多万读者，是当地首屈一指的地方性报纸。莱斯特是英国多样性特征最明显的城市之一，《水星报》的主编尼克·卡特（Nick Carter）对此非常重视。他们的办报宗旨是反对耸人听闻和杜撰的消息，如果社区中出现"极右"或者其他极端的言论，他们会适时予以有效的驳斥。《水星报》是该市"多文化顾问小组"的成员，卡特经常主持小组会议。该小组每月召开一次会议，讨论、调节并且确定防止社区冲突的对策，采取积极的谣言粉碎战术，批评莱斯特市的"极右"和其他极端组织。该报主编的任务并不是报道小组会议的内容，而是通过对话增进媒体和社区团体的相互理解，从而提供更有效、更慎重、信息量更大的新闻报道，粉碎骇人听闻和杜撰的消息，同时也让地方媒体成为维护莱斯特市团结的重要力量。

三、跨文化冲突调解和培训机构

跨文化城市战略的一条基本原则是：只要不同文化背景、不同社会经济状况的人群相互接近，那么就有因为价值观、行

① http：//www.coe.int/t/dg4/cultureheritage/culture/cities/ICCModelPubl_ en.pdf p.40.

为或者资源问题而发生冲突的可能性。

发生冲突是正常的，然而城市当局企图否认或者忽视冲突则是不正常的。人们居住的社区是一个动态、交际的环境，生活在这样的环境中，基本步骤就是预测、确认、分析和解决冲突。跨文化城市认为，正式调解和解决冲突的过程孕育出创新和发展的机遇。

跨文化城市承认在多种族社区冲突不可避免。跨文化领导力势必引发城市内少数派在市政府中的体现，紧张和冲突也不可避免。跨文化城市不能回避这些问题，而是要借机创造性地思考如何将少数派带入决策主流。此时不妨自问几个问题：城市制定政策时是否经常考虑避免种族冲突的需要？城市是否出台了发现和解决潜在冲突导火索的程序和机制？城市是否有帮助社区解决分歧的机构？

误解、跨文化意识的缺乏和敌对情绪都会造成不必要的紧张和冲突，政府相应机构应加强了解城市内这些区域的情况，加强个人、团体、社区和机构之间的跨文化调解，发展和建立城市系统跨文化调解员智囊团；找出影响跨文化城市建设进程中的“热点”问题，跨文化调解应及时介入；发展能够专业进行跨文化调解的专家和非政府组织，并积极总结能够推广使用的经验；对政府官员进行必要的跨文化调解培训，发展城市的调解冲突、解决问题的能力。

奥斯陆市[①]在2005年成立了一支由市政府、非政府组织、学者和警方代表组成的紧急工作小组。工作组的任务是迅速应对年轻人参与的暴力活动，防范种族主义和新纳粹主义。在城

---

① http://www.coe.int/t/dg4/cultureheritage/culture/cities/ICCModelPubl_en.pdf. p. 64.

区，负责青少年工作的市政官员、学校和当地警方利用塞尔托网络（SaLTo-networks），相互配合，处理小型冲突事件。在处理局部冲突方面，非政府组织、基督教和伊斯兰教的社区领袖们与国有咨询机构、调解服务中心的当地员工定期举行磋商讨论。

蒂尔堡市[①]认为，在小纠纷演变成参与人数更多的大规模冲突之前，有必要尽早进行干预。因此，该市组织了志愿调解员活动。起初这一活动只在几个重要街区开展，目前蒂尔堡的每一个街区都活跃着这些志愿调解员的身影。令人振奋的是，蒂尔堡市的40名志愿调解员中80%都是移民人士。

进行跨文化冲突调解要求具备一定的跨文化知识和技巧，不但要为公职人员和公共机构的公共政策制定者进行跨文化意识培训，而且要鼓励各行各业的专业人员参与其中，因为跨文化城市的构建不是政府的事情，而是城市每个成员的事情。

跨文化意识最初兴起是在跨国企业，因为不同文化背景的团队合作以及处理和外国客户的关系都需要跨文化能力。如今越来越多的城市也为其公职人员提供跨文化意识培训，以便更高效地进行行政服务。对城市的公职人员来说，跨文化意识是非常重要的。它能够帮助公职人员更好地理解不同文化团体对政策和服务不同的解读方式，从而针对不同文化团体进行政策和服务调整。绝大多数人都不可能精通几门外语，但是在一个理想的跨文化城市中，一个合格的政府公职人员应该能够敏锐地嗅察出不同的文化，并适时调整自己的行政方式，而不是将一种行事方式强加到各种场景中去。这种在不熟悉环境中的敏

① http：//www. coe. int/t/dg4/cultureheritage/culture/cities/ICCModelPubl_ en. pdf. p. 64.

锐性和自信并不是每个人都天生的，但是却可以通过后天的专业培训获得；这种能力和公职人员自身的专业素养和技术技能一样重要。

波兰卢布林市[①]“跨文化教育项目”的志愿者中心和外事办联合举办教育（包括报刊跨文化工作坊、波兰语学习班、波兰概况学习班等）、文化（包括深入剧院、管弦乐团和博物馆了解波兰历史等）、互动（包括志愿者中心波兰人和难民文化融合活动、在学校展示难民家乡文化等）等项目课程。该项目还为教师提供跨文化培训课程。

第三节　个人生活层面

城市中的普通市民安居乐业离不开教育、公共空间、住房、社区、商业和经济、体育和艺术等各方面的影响，跨文化城市应该通过跨文化透视镜来审视城市的这些主要功能，看看它们是否能够应对多元文化带来的挑战，并将挑战转化成优势。

一、教育方面

在较小的年龄阶段，教育系统可以塑造人们对文化、种族、文化主导性和多样性的态度以及文化交流技巧和好奇心。学校在方方面面既可以加深偏见，也可以挑战偏见，对价值观

① http://www.coe.int/t/dg4/cultureheritage/culture/cities/ICCModelPubl_en.pdf. p. 70.

和知识的灌输有着深远的影响。年轻人在学校的经历应该帮助他们建立跨文化的关系，而不是加深不同文化间的隔阂。

在理想的跨文化城市情况下，教育方面的跨文化视角既包括了学生和教师文化背景的多样性，还包括学校文化多样性的比例，教育内容以及学校和周边社区的关系。学校的多元文化背景应该反映出城市的多元文化现状，而不是只为某一主导文化服务；课程体系以及课外活动项目应该体现跨文化交际能力；学校教师也应该接受一定的跨文化交际能力的培训；一个跨文化学校可以对所在的社区产生一定影响，不仅通过对学生的教育，还要在教育过程中将不同文化背景的学生父母凝聚起来加强跨文化社区的构建。

旧城小学[①]（The Gamlebyen Skole）是奥斯陆市一所典型的市中心贫民区小学，这里的学生们讲不同的语言，社会和文化问题错综复杂。学校环境体现少数族裔学生的传统文化，比如由世界各国的字母表组成攀岩墙壁、早期巴基斯坦损毁的清真寺的雕刻木柱、基里姆地毯等等，营造出温暖如家的校园氛围。老师通过和不同文化背景的家长接触，加深对文化多样性的理解。学校还编辑了一本介绍不同文化的书籍。

教育方面最值得关注的是语言教育，因为学习外语是了解文化的重要途径之一。跨文化城市中，不同的语言都应受到尊重，并积极促进互相学习的过程。城市应投入资金进行语言培训，确保所有外来移民都可以使用主体民族的语言，同时为主体民族成员提供学习少数族裔语言的机会。

---

① http：//www. coe. int/t/dg4/cultureheritage/culture/cities/ICCModelPubl_ en. pdf. p. 53.

蒂尔堡市[①]有一项 VVE 计划（早期、及时教育计划），主要培养2—6岁孩子的语言技能。幼儿游戏贯穿了各种各样的语言活动。幼托所的老师们知晓如何激发幼儿提高自己的语言技能。VVE 计划也为小学一二年级的学生提供帮助。目前为止，VVE 项目取得了非常良好的效果，参与该项目的学前班的数量还在不断增加。

奥斯陆市[②]开创了成人语言学习的新方法，如项目学习法（邀请学生开办自己的公司）。学生们在与当地社区联系过程中，学习如何进行电话对话、如何与其他公司经理谈话、如何申请工作等等。所有都是真实场景，这加速了语言学习，也加速了外来移民融入城市新生活的速度。

二、公共空间方面

公共空间和设施在跨文化城市建设中极其重要。这些市民都必须使用的空间和地点促进了不同文化间的接触，甚至可以加强跨文化团结。规划合理、活动丰富的城市空间不仅可以包含城市生活中不同的方方面面，还可以帮助不同文化背景的人们更好地接触和沟通，将隔阂、对抗和反感降到最低。

跨文化城市的空间规划象征着城市对不同文化背景成员的一种认可和包容。之前在欧洲失败的多元文化主义只是一个静止的概念，跨文化主义则期待在一个不停改变、充满活力的环境中，个人和团体都能够表达多样的、融合的、不断发展的自身需求和身份特征。因此参与空间设计的专家更需要一种基于

---

① http：//www. coe. int/t/dg4/cultureheritage/culture/cities/ICCModelPubl_ en. pdf. p. 65.

② Ibid.

原则、意识和技能之上的新的心理状态。专业的空间设计团队应该通过培训、招聘和合作加强自己成员的文化多元性来面对多样性带来的挑战和机遇。

跨文化城市公共空间建设的原则重点不是去问“一个跨文化的空间设计要花多少钱”，而是“不去建设这样一个空间的代价是多少”。市民、地点、使用和所有权的多样性并不是一个问题，而是一个可以逐渐培育的优点；虽然对跨文化特性的坚持会造成一定冲突，但一个好的空间设计不会去忽视和规避这些冲突，而是去管理和调解。空间设计专家仅靠自身是无法完成跨文化空间设计和建设的，需要与其他行业的专家和普通人合作，去倾听他们的故事，去倾听他们是如何使用空间、如何生活的，去倾听他们的渴望，然后将这些故事转化成专业设计语言；要意识到自己以往所受教育和培训中的偏见，能够时常地去重新反省和超越，从而努力感知和创造“跨文化时刻”。

德国柏林市新克尔恩[①]的卡腾布劳巴（Käpt'n Blaubä）是孩子与家长的交汇点。整个新克尔恩地区没有孩子和青少年的聚集场所，因此，社区管理部门决定建立一座新的广场和一幢小型建筑（由“社交城市”这一项目提供资金，而“社交城市”由柏林市当局、联邦政府和欧盟共同划拨资金）。该项目由“Outreach”小组负责监督，相当于青少年活动中心的传统社会工作。

一位荷兰艺术家提议在蒂尔堡市[②]安置1000张“艺术长凳”。这些长凳被称为“社交沙发”，鼓励民众坐在长凳上相

---

① http：//www. outreach-berlin. de.

② http：//www. coe. int/t/dg4/cultureheritage/culture/cities/ICCModelPubl_ en. pdf. p. 55.

互交谈。市政当局非常支持这一想法。各个社区的居民都可以申请在该社区安置“社交沙发”。

三、公共服务方面

在一个理想的跨文化城市中，不同级别的城市公务员应该反映出城市人口的多样性。而且，这个跨文化城市必须认可这一点：随着人口的变化，城市的公共服务也需要被重新审视，甚至需要变化。公共服务不是一刀切的方式，而是需要对外来移民带来的不同观点和创新持开放、包容的态度。

新克尔恩[①]当地社会事务、住房与环境部与明爱会（隶属于德国天主教会的社会福利机构）的移民服务部门合作，开展服务老年公民的文化关爱活动。服务人员经过培训，熟悉文化敏感问题和相关信息。这次活动重在吸引移民自愿参与社会活动。这项活动的目标是加强与国内移民组织在老年公民服务领域（特别是社会组织以及地方老年公民委员会的工作）的建设性合作。这次活动能够继续发展的基础是为老年公民组织主题明确的见面、交流活动，吸引更多参与者，有利于政府施政目标的实现。

四、住房、居民区方面

一个理想的跨文化城市并不会为了突出多样性而单一强调人口居住的混合比例，而是认可民族聚居区的价值，只要这些聚居区没有阻碍人口、观点和机会的流动。2011 年，欧盟和欧

① http：//www. coe. int/t/dg4/cultureheritage/culture/cities/ICCModelPubl_ en. pdf. p. 56.

洲理事会的一个联合调查[1]显示，居民区如果凝聚力较低，其对移民的态度也通常比较消极。因此居民区的凝聚力不但是融合度的重要指标，也是对待多样性态度是否积极的重要指标。因此通过参与机制，能够发动居民共同迈向统一目标的居民区项目将成为重点关注对象。

苏博蒂察[2]（塞尔维亚）设有36个街区办事处。每个办事处都有自己的委员会，并且举行大型会议，方便居民参与地区事务。在一个名叫佩斯卡拉（Peščara）的街区生活着500名来自科索沃的罗姆难民，与当地的原居民处于隔阂状态。当地罗姆教育理事会组建了家长委员会，让罗姆人第一次有机会参与学校和当地事务。当地的主要道路多年失修，给居民包括罗姆难民的日常生活带来了极大不便。为了解决当地经常发生的这一问题，该区罗姆教育理事会的工作人员找来石砂和工具，鼓励之前相互隔绝的罗姆人社区和非罗姆人社区联合起来，一起重建了道路。在一起修路的过程中，原本互不理睬的罗姆人和非罗姆人开始了聊天，逐渐增加交流。在交流过程中，他们发现，其实两个社区都面临着土地所有权和自来水供应的问题。于是，当地第一个跨越种族的社区理事会成立了，为了解决社区问题而共同努力。

五、商业和经济方面

受国家限制政策影响，移民在国有经济和劳动市场享受的

---

① http：//www.coe.int/t/dg4/cultureheritage/culture/cities/ICCstepbystepAugust2012.pdf. p. 75.

② http：//www.ec-roma.org.rs/en/index.html.

权利有限，因此私有企业就为其积极参与经济活动提供了更广阔的空间。同时，这种积极的参与（如商店、俱乐部以及餐馆）也为城市中不同文化的交流提供了机会。

为了充分利用外来移民的技术和知识，进而促进城市经济创新和发展，跨文化城市必须要鼓励商业机构寻求更广泛的标准来帮助外来移民获取技能，为外来创业者提供指导，为年轻的创业者提供奖励措施，并和外来移民的输出国建立商业联系。

哥本哈根启动了不少促进外来移民就业的项目，其中有就业中心组织的“融合联系”,[①] 还有一个多元化委员会，专门从事和促进商业和城市多样化计划沟通融合的工作。

挪威的企业联盟启动了一个“全球未来项目”,[②] 旨在帮助那些在企业中寻求更高职位的、合格的少数裔专业人员。在一年半的时间里，通过一系列长达 19 天的研讨和导师计划，这些少数裔专业人员获得了领导力、管理技巧和跨文化理解力方面的培训，同时也收获了社会网络。

与此同时，一些注重跨文化交流的企业还积极回馈社会，形成良性循环。例如瑞典布特许尔卡市的建筑公司[③]就为小型的教育机构提供场地，为有学习需求的孩子提供支持；一个公司还为以社区为基础的艺术项目提供免费的艺术家居住地。

---

① http：//www. coe. int/t/dg4/cultureheritage/culture/cities/ICCstepbystepAugust2012. pdf. p. 80.

② http：//www. nho. no/globalfuture.

③ http：//www. coe. int/t/dg4/cultureheritage/culture/cities/ICCstepbystepAugust2012. pdf. p. 39.

六、体育和艺术方面

人们的休闲生活是一个认识其他文化的好机会，因为休闲生活不带政治色彩，而且欢快轻松。不过如果休闲生活按照种族来区分的话（例如足球联赛的队伍都是来自一种文化背景），就有可能加大不同文化间的隔阂。一个城市可以通过各种活动来改变这种情况，也可以把资源分配给其他的组织，让它们组织各类活动。要让文化活动成为跨文化沟通的平台，组织者必须清楚地明白参与者是来自多种文化背景的；必须鼓励人们跨越障碍，参与体验其他文化；而文化的展现形式必须是动态变化的，在多种文化交流中繁荣，促进多种文化的融合。

“国际邻里，感动世界”①（Neighbourhood International and Moved Worlds）是新克尔恩最早的跨文化试点项目，也是柏林最早的跨文化艺术节。这项活动由新克尔恩文化艺术节和新克尔恩新教教会联合发起，“感动世界”舞蹈节是整个项目的收官之作。当地的移民组织机构和其合作伙伴积极参与，呈现了一场由160多个国家民众参加的大型文化盛宴。

在伊热夫斯克市（俄罗斯）②，乌德穆尔特国家博物馆发起了一项“走入跨文化家庭”的电视节目——“幸福家庭”。该节目每月播出一次，在节目中跨文化婚姻夫妻（主要居住在伊热夫斯克地区）将会就公众感兴趣的一系列话题展开对话。节目构思新颖，潜力巨大，让每一个市民都了解了生活中的跨文化问题。

---

① http://www.coe.int/t/dg4/cultureheritage/culture/cities/ICCModelPubl_en.pdf. p. 61.

② 同上。

通过政府层面、组织机构层面和个人生活层面，人们构建起一个立体、丰富、多元的跨文化城市蓝图，各要素相辅相成，推动城市走向融合、发展、繁荣。

第四章

跨文化城市建设步骤和评估

第一节　跨文化城市建设内容

参与跨文化城市建设项目的城市要与欧洲委员会签订协议，协议内容主要规定了双方的责任和具体的操作步骤。根据协议，一般的跨文化城市建设项目主要包括以下内容[①]：

1. 通过跨文化指数[②]对城市的跨文化发展程度进行初步分析

跨文化指数包括了一系列可以评估一座城市在不同政策和管理领域跨文化性的指标，而且可以评估历史的变化。跨文化指数能够指出在哪些领域需要集中改进，能够确认在哪些领域有优秀措施，而且可用图表方式显示一座城市经过一段时间的建设在“跨文化城市”项目的城市网络中的程度。跨文化指数

---

① http：//www. dublincity. ie/YourCouncil/CouncilPublications/Documents/Dublin _ ICC_ agreement_ 2011. pdf.

② 跨文化指数见本章第三节。

的数据通过问卷方式，由城市的管理人员填写完成。关于治理结构、具体政策和措施的其他信息可以通过政策评估网络完成（通常包括几个部分）。问卷结果由专家团队进行分析，分析报告可以为该城市提供 SWOT 分析和相关建议。在这个阶段还会为该城市确定合作城市，即已经加入跨文化城市建设项目而且其经验和成就与该城市的发展需求相对应的城市。

2. 市长和协调员的跨国会议

会议能够为参加城市和跨文化城市的专家之间提供交流跨文化城市理念和方法的机会，促进二者构建一个学习共同体。可能的话，这个会议会尽量与一个重要的国际性活动一起举办，这样参加城市的市长可以和欧洲委员会官员会面并获得高度的媒体关注。

3. 政策分析考察和工作坊

这个环节包括一系列与不同领域政府官员的会谈，如融合方面、教育方面、城市规划方面、社会服务方面等，还包括与非政府组织和媒体人士的会谈，以更深入地了解该城市的多样性挑战和发展潜力。工作坊也是邀请关键政府官员积极参与跨文化战略制定的一种方式。考察和工作坊结束后会提供一份实施建议报告。

4. 愿景建设工作坊

两名专家和来自不同管理领域、行业背景的约 20 位代表一起举行愿景建设工作坊。工作坊会使参加者通过跨文化透视镜想象他们的工作和生活，思考工作需要从哪些方面做出改变才能促进跨文化互动、融合和信任。工作坊将产生一份全面的愿景文件，作为该城市跨文化战略的基础。之后可以参与该市举行大型的关于文化多样性优势的公众讨论，市长和其他政府官员也可以加入讨论。此外，该城市可以申请考察其他城市的进展和成果以借鉴相关经验。

5. 对其他城市的学习考察

学习考察是跨文化城市建设项目的重要学习途径。学习考察的对象一般是已经完成了跨文化战略建设，而且在实施中有重要进展的合作城市，也可以是正在建设跨文化战略，但在某一领域非常值得学习的城市。

6. 协助制定跨文化战略

“跨文化城市”项目在城市制定跨文化战略时可以根据要求提供专家建议。专家一般是跨文化城市网络中一个城市的融合方面的官员，并具有丰富的咨询经验。专家还可以为该城市提供制定战略实施和监督指标的支持。

7. 正式对当地社区公布跨文化城市战略

当城市相关管理者和管理机构确定了跨文化战略，需要正式向当地社区公布这一战略。欧洲委员会可以派出一名高级官员参加这项活动。欧洲委员会的媒体网络也会协助宣传相关活动。

8. 其他支持

一年之后欧洲委员会协助对跨文化战略的实施进行评估。参与城市需要提供关于战略实施的相关信息，欧洲委员会专家在与该城市管理人员和实施人员深入讨论后提交建议报告，以保证项目的执行和可持续性。欧洲委员会在项目试点过程中积累了丰富的鼓励地方媒体参与跨文化城市建设的经验，可以为新加入的城市提供媒体多样性方面的培训。

9. 财政方面

参加城市需承诺每年为欧洲委员会的“跨文化城市”项目

提供5000欧元的财政支持，用以维持该项目相关的日常行政运行。

跨文化城市的建设主要分前期战略准备、中期建设重点以及后期评估改进三个阶段，笔者将在以下几节中进行介绍。

第二节 跨文化城市战略的准备

一、为跨文化城市树立愿景：人人有责

城市应当知晓对待多样性是一项复杂的任务，成效也很难衡量。在公众场合和媒体上如果缺乏对多样性、移民和融合情况的认识，表达出排斥的情绪甚至种族主义的观点，其传输的负面信息以及造成的误解都会使多样性社区融合的努力功亏一篑。跨文化城市应该达成一种认识：跨文化城市的愿景并不只是外来移民追求平等，或者政府机构以及研究移民专家的责任，而是城市中所有人都要学习的知识，是每个人的责任。

跨文化城市政府应该正式通过建设跨文化城市的决定，并向民众公开，例如创建一个专门网站，发布跨文化城市建设的声明、策略、行动计划，又比如通过政治领袖的演讲和其他重要的方式表明城市致力于跨文化城市建设的决心，设立一个制定跨文化战略的专门机构，确保跨文化城市战略得到城市中其他机构的支持。同时，政府还要举办正式活动表彰那些在跨文化城市战略中做出杰出贡献的集体或者个人。跨文化城市政府应该要有开放的国际化视野，制定明确政策，鼓励国际贸易和合作；设立专门机构监控和发展城市的国际关系；并采取清晰

的策略，吸引外国投资者、商务人事、劳动力和学生。

应当指出的是，跨文化城市建设并不是增加新的政策、机构或者倡议（实际上很多城市的问题都是由于过多的机构、规矩和监控造成的），而是通过跨文化滤镜对城市已有的情况和政策进行回顾和修订。因此，跨文化城市的建设并不意味着新的资金投入，城市和市民并不要因此倍感压力。相反，如果大家能够共同努力实现跨文化城市建设目标，还可以削减城市开支，促进城市高效运作。

二、对城市进行把脉诊断

跨文化城市在执行跨文化战略之前，需要设立跨文化情报站，通过跨文化滤镜的视角审视城市生活的方方面面，定期收集城市多样性和跨文化关系数据，从而帮助城市政府制定应对政策。例如：在诊断教育体系的跨文化程度时，需调查学生和老师的民族背景，调查学校是否开设跨文化课程，让所有学生都有机会了解自己民族之外的文化和宗教；调查学校是否为不同地区、不同社会文化背景的学生创造相互交流的条件等数据。这些数据不但可以用来评估城市的现状，也可以用来考核实施跨文化政策后的效果。同时，可以依据数据建立一个数字地图，鼠标的移动就可以看到城市各个区域的情况，如人口、宗教组织、社区跨文化机构和活动等。

每个城市历史、现状和首要任务都不同，因此每个城市都有自己独特的一套政策和做法。建议政府开展一个初步的内部回顾和审查，询问自己“为什么要这么做事情，而不是用另外的方式”。这样的内部交流会帮助任务小组熟悉跨文化城市概念，并鼓励其重新思考现有政策对城市中不同社区的互相了解和关系产生的影响。蒂尔堡市[1]每隔两年调查一次市民对于“多元文化社会”的看法。调查包含10个问题，每次调查的问题都相同，所以很容易比较结果。该市的研究和信息办公室也会提交各项监测报告，如贫困监测、文化融合监测、安德烈斯群岛移民监测、摩洛哥移民检测等等。根据这些信息，蒂尔堡市决定哪些政策可以继续执行，哪些需要修改，哪些要彻底改变。

跨文化城市战略势必要依靠之前移民和少数族裔组织已经开展的一些工作，因此这些组织就是重要的支柱，城市需要从中寻找通晓多种文化的、具有跨文化开放性和远见的人群。城市必须发现这样的人群，并通过邀请他们参与会议或者研讨，赋予他们具体的任务，将他们动员起来。

同时对城市进行把脉诊断的一个重要因素就是战略领导者和协调专员都应该深入到真实的生活场景中，跑市场，去广场，多参加组织活动，多倾听和观察才能把握城市脉搏，而不是参加一个会议、读几篇报告、坐在办公桌后就能了解跨文化城市的动态性。

第三节　跨文化城市的建设

跨文化城市建设包括人才梯队的建设，建立合作联盟和组织，加强对跨文化沟通能力的重视和培训，从而保障跨文化城市建设的可持续性发展。

---

① http://www.coe.int/t/dg4/cultureheritage/culture/cities/ICCModelPubl_en.pdf. p. 69.

一、建设人才梯队

跨文化城市建设离不开合理的人才储备，通常城市需要发现和任命为跨文化城市战略服务的政治领袖（Political champion）、协调专员（Coordinator）和个人领袖（Individuals）。[①]

政治领袖是跨文化城市建设的形象大使，通常的做法是城市的副市长会以高调的姿态出现，着手主持跨文化城市建设工作，其主要目的是向公众明确说明跨文化城市建设项目和政治权威之间的联系。

协调专员的工作是直接对话负责跨文化城市战略的政府官员。可供参考的做法有“搭档合作制”，在奥斯陆市，跨文化城市专家和教育领域（奥斯陆的主要建设目标）的专家一起工作，解决问题。

除了政府层面的官员介入，跨文化城市战略的成功也少不了对此感兴趣的个人的投入，这就是个人领袖。他们来自城市不同的分支和机构，因此可以将这些个人组织起来，定期开展个人领袖论坛活动或者相关的支持团队活动，从而对城市战略的制定和开展提供反馈和建议。

城市还应成立内部任务小组（Task Force），将来自城市政府各部门或者非政府组织和专业小组的人才动员起来。他们的职位和工作性质不再是唯一标准，他们是否对跨文化城市战略具有强烈的热情和兴趣才是重点。任务项目的管理不能仅仅由有经验的跨文化专家负责，也不再只涉及一些重要的跨文化任

---

① http：//www. coe. int/t/dg4/cultureheritage/culture/cities/ICCstepbystepAugust2012. pdf. pp. 45 –46.

务部门。那些还未成型，但是已经对跨文化城市战略产生一定影响的部门将成为重点培养对象。

二、建立合作联盟和组织，加强协商

在跨文化城市建设的过程中，市机关大楼不再是商讨的唯一场所。只有通过城市中所有社区、主要机构和组织的积极参与，我们才能建立一个真正的跨文化城市。

在跨文化城市战略的发展、实施和评估过程中，社区的商讨和参与程度非常重要，不仅是体现社区的价值，而且是跨文化城市战略成功与否的关键。

德国新克尔恩[①]跨文化战略中另一个重要的举措就是通过“小区管理办公室网络”鼓励居民参与民主决策，激发普通民众的跨文化主动性；开展文化学习、跨文化社区建设项目，鼓励妇女、宗教团体、非政府组织、基金会、公共服务部门和管理部门共同参与跨文化活动。“地区母亲”（District Mothers）是目前效果最好的项目，人们通过少数民族妇女网络建立起社区构架、学习语言技能、提高教育和健康意识。

在社区中有效地开展跨文化交流需要承认长期以来在少数族裔社区人们对改变持怀疑态度，及未能进行有效的商讨。因此，在今后的活动中，要明确商讨和参与的目的、范围，即：哪些问题需要征集公共意见？哪些问题不可妥协？哪些人会参与商讨？为什么？如果面对构成非常复杂的少数族裔社区，那么当局通常需要寻找少数族裔代表。同时商讨与参与的成果需

---

① http：//www. coe. int/t/dg4/cultureheritage/culture/cities/ICCModelPubl_ en. pdf. p. 48.

要得到明确，这不仅包括已经达成一致的问题，还包括存在分歧或者需要进一步探讨的问题。商讨后应承诺反馈讨论结果，承诺对具体问题进行持续商讨，并且评估商讨过程，而不是一次性草草了事。

当然在组织社区活动时，当地政府不能以团结和友谊的名义强迫居民在一起交流，必须循循善诱，需要用那些和居民生活息息相关、他们真正关心的问题来吸引大家一起讨论。出于这一考虑，非官方的方式就显得格外重要：市议会经常举办“小型会议”或者其他活动，为不同文化背景的居民能够在日常生活中交流创造条件。当然这并不意味着所有活动都是“自上而下”发起的，虽然政府官员和政策制定者们常常习惯于走访移民组织和所谓的“社区领袖”，希望他们与官方合作，但是给居民们自主权，让他们主动申请也是一个不错的办法。例如蒂尔堡居民仍然喜欢用“自下而上”的方法解决问题。因此，当普通民众发起一些活动，政府则立即倾听并与之讨论，但是政府的角色始终是助推者而非指挥者。

除了对社区的努力，在建立跨文化合作组织和联盟时，城市需要确认对合作成败起关键作用的个人、团体和组织的身份。这将包括确定少数族裔和非政府组织中关键性的“有影响力的人”；明确哪些资源在建立相关的合作组织和联盟时可以共享，这些共享的资源中哪一项是最重要的；要决定在多大程度上将权力和决策权移交给跨文化合作组织和联盟是有可能而且是可取的，可否下拨资源和预算；确定合作组织和联盟如何向城市有关部门反馈其跨文化战略的执行情况，比如公开性、透明度、可信度和问责制。同时，城市还要决定哪些部门和机关需要参与，是否派代表参加关键性的伙伴关系和联盟，这些部门和机关是否明确自己在建设跨文化城市战略中所肩负的责任，能否衔接好政府和联盟组织间的沟通工作。

跨文化合作联盟中非常重要的是和地方媒体的合作。媒体不仅传播信息，而且影响个人甚至整个社会的意见，因此媒体的报道极有可能加强或者削弱社会和谐。城市有机会将地方媒体打造成宣传跨文化城市的工具，而不是制造分裂的机器。城市可以做许多工作确保媒体接收到它需要的信息，然后公正地报道。这并不意味着期望媒体不切实际地粉饰城市存在的问题。人们期待媒体不仅仅是报道，更重要的是解释事件的原委，避免人们在种族问题上产生误解；期待媒体不仅仅是报道爆炸性或者煽情型的新闻，更重要的是通过事件报道得出结论，帮助公众理解人类社会发展的必然结果。

城市政府可以通过跨文化信息机构对媒体行业进行跨文化滤镜分析。知晓一段时期内，当地发行量最大的报纸在新闻报道中以积极或中间立场报道的多样性或跨文化融合主题的新闻占新闻总量的百分比，以及消极报道的百分比。政府应该了解媒体获取全面的有关多样性消息的难易程度，通过举办活动，积极转变媒体对移民和少数族裔的态度。要建立一种合作机制，使政府、其他公共机构以及当地媒体可以协同应对突发事件或可能危及跨文化和谐关系的问题。同时政府应制定一套培养方案，向少数族裔中青年记者提供职业技能培训，让他们在工作中为自己的民族发声。

三、培养跨文化能力

人与人之间之所以会有偏见和歧视，是因为人们缺乏与不同文化的交流互动，缺乏对不同文化的理解和认知。城市采取措施阻止歧视和分裂活动，鼓励增进了解、增加互动、增强合作的活动，这对新时期的跨文化沟通能力提出了新的要求。在跨文化城市建设当中，城市的政治、经济、社会、文化的领导者和参与者应该反映这个城市的多样性，城市要为跨文化沟通及跨文化冲突提供专业调解服务的机构，要有专门解决跨宗教关系事务的机构组织。地方当局内部需要设立一个跨部门机构，监督城市跨文化融合与跨文化政策的执行情况。在制定和实施公共咨询项目时，政府将“改善跨文化关系”作为一项参考因素。这些就决定了城市应采取措施拓宽领导者和公职人员的文化知识面，增强其跨文化能力。市政府以及公共服务机构也应该雇佣跨文化沟通经验丰富的员工，预测并调解潜在的跨文化冲突。例如，蒂尔堡市[①]所有从事公共事务工作的政府工作人员（包括市长和市参议员）都参加了文化多样性培训。但是，市政当局认为，向人们展示所有公职人员都具备跨文化能力的最好方式就是当面交流。因此，每当市参议员视察少数族裔的机构组织时，总会要求其他公职人员一同前往积累经验。

除了领导层面，普通民众在这样的跨文化城市战略大潮中更避不开多样性带来的挑战，当然也要通过提高自身的跨文化交流意识和技能将挑战转变成机遇，成就自我。教育能够改变这种状况。因此将跨文化能力融入到不同级别、正式或者非正式形式的教育系统中是重中之重。联合国教科文组织[②]（UNESCO）提出跨文化教育（Intercultural Education）的概念，

---

① http：//www. coe. int/t/dg4/cultureheritage/culture/cities/ICCModelPubl _ en. pdf. p. 70.

② http：//unesdoc. unesco. org/images/0021/002197/219768e. pdf. p. 27.

指出教育应当尊重学习者的文化多样性，为学习者提供今后积极参与社会活动所必需的跨文化知识、态度和技能。同时跨文化教育能够使得学习者为个人、民族、社会、文化和宗教团体以及国家之间的互相尊重、理解和团结做出贡献。如图 4—1 所示，联合国教科文组织描绘了跨文化能力树形图,[①] 并做出了较为详细的解释。树形图包括根、枝干和树叶，每一部分都有各自的组成部分和含义。

根：文化（身份、价值、态度、信仰等），交流沟通（语言、对话、非语言交际等）。

枝干：提高跨文化能力的操作步骤（将跨文化能力概念清晰化，并教授、支持跨文化能力，将跨文化能力的要求渗透进日常生活的方方面面）。

树叶：一些树叶仍有留白，这也说明这棵跨文化能力之树是充满活力的，可以根据世界上不同的多样性背景而改变和完善。

---

① http：//unesdoc. unesco. org/images/0021/002197/219768e. pdf. p. 23。树叶：跨文化责任感（Intercultural Responsibility）、跨文化教育（Intercultural Literacy）、文化转换能力（Cultural Shifting）、跨文化公民（Intercultural Citizenship）、欢乐（Conviviality）、跨文化反思（Reflexivity）、创造力（Creativity）、文化变化性（Liquidity）、词汇可用性（Semantic Availability）、未成形的观点（Warm Ideas）、技巧（Skills）、性情（Disposition）、情绪（Emotions）、知识（Knowledge）、翻译（Translation）、跨文化沟通能力（Intercultural Communication Competence）、多语主义（Multilingualism）、人性相连（Ubuntu）、内外之别（Uchi Soto）、语境信息（Contextualization Cues）、价值重估（Transvaluation）、弹性变通（Resilience）；大枝干：跨文化对话（Intercultural Dialogue）、人权（Human Rights）、文化多样性（Cultural Diversity）；分叉：明晰跨文化能力（Clarifying Intercultural Competences）、教授跨文化能力（Teaching Intercultural Competences）、宣传跨文化能力（Promoting Intercultural Competences）、支持跨文化能力（Supporting Intercultural Competences）、颁布跨文化能力（Enacting Intercultural Competences）；文化（Culture）：身份（Identity）、价值（Values）、态度（Attitudes）、信仰（Beliefs）；沟通（Communication）：语言（Language）、对话（Dialogue）、非语言行为（Nonverbal Behavior）。

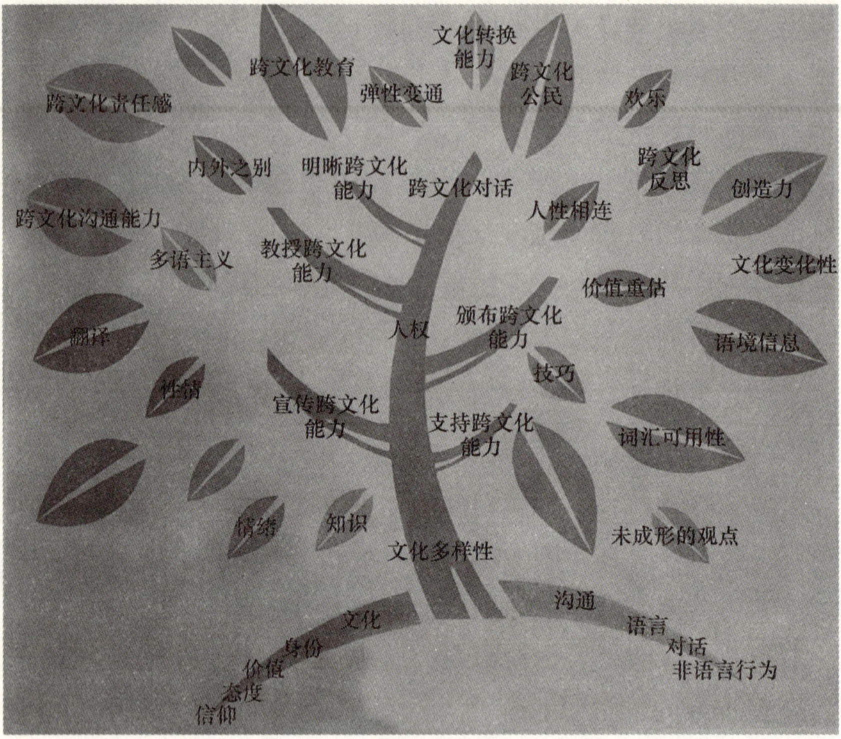

图 4—1　跨文化能力树形图

联合国教科文组织不仅鼓励跨文化能力在理论上的研究和教授，更注重将跨文化的理念融入到人们的日常生活中去。在多样文化不断碰撞的今天，教育领域应该身先士卒。在当今中国高校不断国际化的趋势下，丰富师生国际化经历、开阔国际化视野、提升国际化素质已成为重要任务，总结下来就是通过国际化促进多元文化交流，提高师生跨文化能力。高校应当整合现有资源，在教学大纲、教材和教法上做出调整和改革，迎接挑战，抓住机遇。

第四节　跨文化城市建设的持续性和评估

城市满怀信心尝试跨文化战略时，必需确保试点项目在不可避免的起起落落中保持可持续发展的势头。城市在一开始实施跨文化城市战略和与之相关的所有计划和行动时，就要将能否持续发展的问题考虑在内。预计跨文化战略和相关项目即将取得阶段性成果时，及时利用诸如会议、研讨会、工作坊等机会宣传已取得的有用成果，推进跨文化战略和相关项目取得成功。发现的问题可能与评估过程有关，也可能与具体项目内容有关。这两种情况都很重要，为了确保当局、社区和其他城市的利益，应当记录在案。鼓励用“来自民众”特别是来自基层组织和社区的想法和举措来进行宣传、激发社区活力以及推广工作成效。同时利用城市系统之外的干预因素，包括项目参与城市间的交流与学习参观活动、欧洲委员会和外部专家、顾问。学习的重点将包括工作准则和一些广泛适用的好的做法，这些应当在整个城市系统内以及整个欧洲委员会项目参与城市中进行宣传推广。

城市应当通过适当的监督和评估程序评判其跨文化城市战略的进展、具体项目进程和吸取的经验教训。该程序应当始于跨文化城市战略启动之初，而非项目结束之后，这样做的目的在于，评估中发现的问题可以及时在项目进行过程中得到改进。

跨文化城市战略的一个重要目标为建立“跨文化城市指数”体系。跨文化城市方法不是一门科学，而是一套一般性的原则和思考方式。因此跨文化城市指数是今后布置及评判工作表现的通用范式。这些城市需要找到可以反映当前变化的一些要素，并且以这些要素为指标，监测变化过程。持续监测一段时间后，城市将能够辨别出这些关键指标向上或向下变化的模式，从而做出更有效的判断，指导城市政策与投资。如下图所示，① 奥斯陆和新克尔恩在九个维度指数方面的表现一目了然。图中可以看出，在跨文化能力方面，奥斯陆的指数高于新克尔恩，说明在这一方面奥斯陆做得比较好。

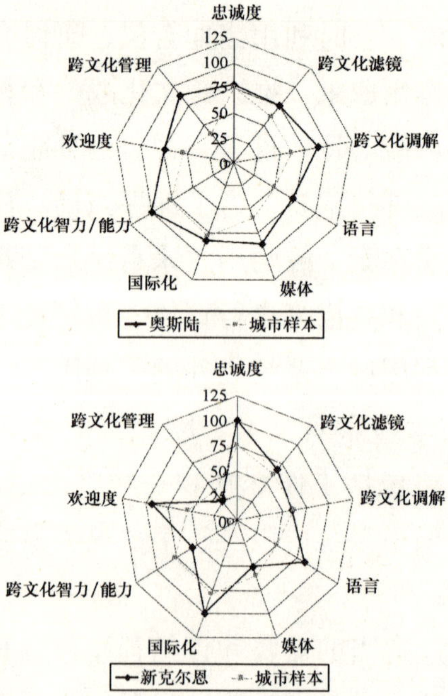

图 4—2　奥斯陆和新克尔恩城市指数比较

① http://www.coe.int/t/dg4/cultureheritage/culture/cities/Index/ICCindex_en.pdf. p. 2. 九个维度指数：忠诚度（Commitment）、跨文化滤镜（Intercultural lens）、跨文化调解（Mediation）、语言（Language）、媒体（Media）、国际化（International outlook）、跨文化智力/能力（Intelligence/Competence）、欢迎度（Welcoming）、跨文化管理（Governance）。

根据入选城市的经验，跨文化指数数据收集过程分为以下两个部分：第一部分以地方当局及其合作伙伴作答的调查问卷为依据。这一部分[①]为更加客观的因素，包括经济和人口数据、机构特征（政府内部和政府间）。而第二部分[②]为民意调查，侧重于了解民众的感受，这项调查专门针对一些基本问题，如信心、价值观、集体意识、社会关系等。

第一部分需要搜集的信息如：城市通过何种方式展示其致力于跨文化城市建设的决心？通过跨文化透视镜审视城市在教育、语言、社区、公共服务、商业、文化以及公共场所的情况如何？城市在调解和解决冲突方面表现如何？城市政府和地方媒体的关系如何？相关人员的跨文化能力如何？城市跨文化领导力和公民权利如何体现？

第二部分主观因素所要搜集的信息如：民众对于“未来一年，是否愿意与其他民族、宗教的人们建立更多的社交关系”的态度；有多少市民认同“不同文化背景的人们共同丰富了当地城市的生活”；有多少市民认为“在自己的城市里，某人或组织会因为种族、语言或者宗教背景不同而遭受歧视或者不公正待遇”；有多少民众认为“公共资金应当用来鼓励开展更多的跨文化融合”；民众如何看待政府、警察局、媒体、宗教组织、青年组织、体育和文化团体、商务部门等机构在城市跨文化融合方面的作用。

不同的城市虽然国情各异，但若能遵循同样的调研过程，分享发现和见解，那么他们收获的成效将会放大。跨文化城市

---

① 此处参考调查问卷Ⅰ。

② 此处参考调查问卷Ⅱ。

指数体系反应每一个入选城市文化环境的独特之处，帮助城市更好地了解自己的优势和需要、跨文化水平及政策使用效果，促使城市间展开讨论，相互比较，激励城市更好地自我反思、学习和进步。苏黎世[①]通过跨文化透视镜从教育、社区、公共服务、商业劳动市场、文化生活、公共空间六个方面，及对该市在跨文化城市建设承诺、跨文化冲突调解、语言、媒体政策、国际形象、跨文化信息收集、跨文化领导力以及对外来移民的欢迎政策八个方面进行考察，得出一系列结论。从长远来看，随着网络的发展，指数也可能成为一种政治工具，激励和动员城市在跨文化关系领域更好地发展。

总之，跨文化城市的建设不是一蹴而就的，需要包含跨文化城市要素的各个方面在城市建设初期、中期和后期保驾护航。跨文化城市氛围的形成不仅是政府的事，也是各个组织和城市每个公民的责任，跨文化人才的培养不仅限于公职人员，每个居民都应该具备这样的意识。在政府的领导下，在媒体正确的引导下，随着建设评估体系的健全，跨文化城市的目标一定可以逐步实现。

调查问卷Ⅰ[②]

客观因素

1. 市政府如何展示其致力于跨文化城市建设的决心

a）正式通过建设跨文化城市的决定

① http://www.coe.int/t/dg4/cultureheritage/culture/cities/index/Zurich.pdf.

② http://www.coe.int/t/dg4/cultureheritage/culture/cities/ICCModelPubl_en.pdf, pp. 81 - 86.

b）通过一项跨文化城市战略

c）通过一项有资金支持的跨文化城市行动计划

d）市议会的跨文化城市战略得到城市中其他机构的支持

e）通过政治领袖的演讲和其他重要的方式表明城市致力于跨文化城市建设的决心

f）创建一个专用网站，发布跨文化城市建设的声明、策略以及/或者行动计划

g）设立一个制定跨文化战略的专门机构

h）开展正式的跨文化战略效果评估

i）举行正式活动，感谢或表彰为促进当地跨文化城市建设做出杰出贡献的居民

2. 通过跨文化透镜审视城市

a）教育体系的跨文化程度如何

i. 学生的民族背景

ii. 老师的民族背景

iii. 开设跨文化课程，让所有学生都有机会了解自己民族之外的文化和宗教

iv. 为不同地区、不同社会文化背景的学生创造相互交流的条件

b）居民社区的跨文化程度如何

i. 主体民族人口占城市人口总数的百分比

ii. 绝大多数居民属于同一民族的社区占社区总数的百分比

iii. 各民族均达不到总人数一半的社区占社区总数的百分比

iv. 开展活动，为不同民族/文化背景的社区居民相互交流

提供机会

c）公共服务部门的跨文化程度如何

i. 城市中人数最多的民族在地方政府部门带薪就职人员的比例

ii. 城市中人数最多的民族在地方警力部门带薪就职人员的比例

iii. 保证公共服务部门工作人员的构成能够反映全市公民的民族/文化状况

iv. 城市正式表态，希望审视或者改变其公共服务部门的结构、指导思想和方法，促进不同民族/文化背景的市民、工作人员相互融合

d）商业和劳务市场的跨文化程度如何

i. 城市私企雇员至少有20%来自主体民族，20%来自各少数民族

ii. 采用多样性政策的企业占城市企业总数的比例

iii. 商业伞式组织的目标之一是丰富雇员文化背景的多样性，推进公平就业

iv. 颁布章程或者具有约束力的文件，在工作场所禁止民族歧视

v. 鼓励私有部门的跨文化融合

vi. 鼓励少数族裔工商业跨越地域、民族限制，进入主流经济

vii. 建立促使不同文化能够更好地交融的“商业区”

viii. 市政府颁布政策，承诺优先选购实施多样性政策的公司的商品和服务

e）文化领域的跨文化程度如何

i. 会员来自不同民族的文、体、娱团体占市内文、体、娱团体总数的百分比

ii. 明确招募不同民族会员的团体以及举办跨文化活动的团体，占以上文、体、娱团体总数的比例

iii. 市政府向各团体、活动分拨经费时，是否将跨文化水平作为一项参考标准

iv. 城市举办的文化活动是否有明确的跨文化目标

f）城市公共场所的跨文化程度如何？

i. 市政府鼓励广场、市场等公共场所方便民众跨文化融合

ii. 感谢不同民族/文化背景的居民在城市公共建筑、公共场所的规划、管理中，或者在私人工程的规划中所做的优秀工作

iii. 当市政府正式与市民就城区未来规划问题进行商议，市议会应当考虑市民的民族/文化背景，并且相应地调整商议进程

3. 跨文化冲突调解

a）城市有为跨文化沟通及/或跨文化冲突提供专业调解服务的机构

b）市政府及/或公共服务机构雇佣经验丰富的员工，预测并调解潜在的跨文化冲突

c）从事跨文化调解和化解文化冲突工作的员工人数

d）城市有专门解决跨宗教关系事务的机构组织

4. 语言

a）可以用除主体民族语言之外的语言读写的人群占城市总人口的比例

b）只能用本民族/本文化群体的语言读写的人群占城市总

人口的比例

c）在教育、文化领域开展活动，增进社会对少数族裔/移民语言的了解

d）在地方报纸、杂志、广播、电视节目中使用除主体民族语言之外的语言

5. 与地方媒体的关系

a）一段时期内，监控当地发行量最大的报纸的新闻报道

i. 以积极或中间立场报道的多样性/跨文化融合主题的新闻占新闻总量的百分比

ii. 以消极立场报道的多样性/跨文化融合主题的新闻占新闻总量的百分比

b）城市制定策略，正确引导媒体对移民/少数族裔的态度

c）城市举办活动，积极转变媒体对移民/少数族裔的态度

d）建立一种合作机制，使得市政府、其他公共机构以及当地媒体可以协同应对突发事件或可能危及跨文化和谐关系的问题

e）制定一套培养方案，向少数族裔中青年记者提供职业技能培训

6. 开放的国际化视野

a）市议会制定明确政策，鼓励国际贸易和合作

b）设立专门机构，负责监控和开发城市的国际关系

c）城市采取清晰的策略，吸引外国投资者、商务人士、劳动力和学生

7. 跨文化情报

a）城市指定观察站或者其他机构负责定期收集多样性和跨文化关系数据

b）市政府通过正规途径获得城市的文化多样性数据和情报，从而指定应对政策

8. 跨文化能力

a）已经接受跨文化能力培训的教师占城市教师总数的比例

b）已经接受跨文化能力培训的公共服务从业者占城市公共机构就业总人数的比例

c）市政府提供机会，增进普通市民对城市不同文化的了解

9. 欢迎新居民

a）城市设有欢迎新居民的指定机构

b）向外国移民提供全面的信息服务和支持

c）市政府在为新增移民划定居住区时，应当与所选区域的老社区居民商议，并寻求对方支持

10. 管理、领导力和公民权利

a）来自主体民族的当选政治高层人数占当地公务人员总数的比例

b）少数民族注册选民占城市选民总数的比例

c）设立独立于地方当局的伞式组织，代表所有少数族裔

d）地方当局内部设立一个跨部门机构，监督城市跨文化融合与跨文化政策的执行情况

e）多民族民间组织和单一民族民间组织每年从地方当局获得的拨款，占地方当局每年向民间组织划拨总资金的百分比

f）在制定和实施公共咨询项目时，市议会将“改善跨文化关系”作为一项参考因素

g）城市鼓励举办同一地区不同文化背景的居民共同参与

社区活动（如社区管理论坛）

调查问卷Ⅱ[①]

主观因素

1. 在一周内，和别人交谈（不是简单地说“你好”）的市民占当地总人口的比例

a）和不同宗教的人交谈

b）和不同民族的人交谈

c）和欧洲其他国家的人交谈

d）和欧洲以外国家的人交谈

2. 以上联络发生的时间和地点

a）在学校或其他教育机构

b）在工作场所

c）在闲暇时间参与文化活动

d）在闲暇时间参与体育活动

e）在公共场所（如居民区、商场等）

f）在市内游览时（如乘公交车、火车、有轨电车等）

g）其他时间、地点（如在城市之外游览）

3. 和其他民族/宗教的市民共用公共空间（工作、休闲、运动、文化、旅游等场所）超过一年以上时间的市民占城市总人口的比例

a）每天（与其他民族/宗教的市民共用公共空间的人数比例）

---

① http：//www.coe.int/t/dg4/cultureheritage/culture/cities/ICCModelPubl_ en.pdf，pp.86－89.

b）每周（同上）

c）每月（同上）

d）每季度（同上）

e）每半年（同上）

f）每年一次（同上）

g）少于一年一次（同上）

h）从不（同上）

4. 在过去一年，出于社交目的，登门拜访过其他民族/宗教人士的市民占城市总人口的比例

a）每天

b）每周

c）每月

d）每季度

e）每半年

f）每年一次

g）从不

5. 民众对于“未来一年，是否愿意与其他民族/宗教的人们建立更多社交关系”的态度

a）非常愿意

b）愿意

c）不愿意

d）完全不愿意

6. 认为“不同文化背景的人们共同丰富了当地城市生活”的市民占城市总人数的百分比

7. 认为“与其他民族/宗教的同龄人交流有益于年轻人成长”的市民占城市总人口的百分比

8. 认为“年轻人应该坚持家庭传统”的市民占城市总人口的百分比

9. 认为“在自己城市，某人或某组织会因为种族、语言或宗教背景不同，而遭受歧视或不公正待遇”的市民占城市总人口的百分比

10. 认为“在自己城市，不同种族、语言或宗教背景人们和谐相处”的市民占城市总人口的百分比

11. 民众对于“过去 5 年，不同民族/宗教的民众相互融合”的看法

a）认为跨文化关系进步的人数比例

b）认为跨文化关系退步的人数比例

c）认为跨文化关系没有改变的人数比例

12. 民众如何看待以下机构在城市跨文化融合方面的作用

a）政府

b）市议会

c）警察局

d）媒体

e）宗教组织

f）青年组织

g）体育和文化团体

h）司法系统

i）住房部门

j）商务部门

k）学校

13. 市民对“与其他城市相比，本市的跨文化融合程度如何”的看法

14. 民众对“自己的近亲与异族通婚”的看法

15. 民众对“城市中不同民族/宗教的市民共用的休闲场所（如广场、购物中心、餐厅、电影院等）的发展如何”的看法

16. 民众对“城市中明确由某一民族/宗教主导、其他民族/背景的市民感到不受欢迎的场所”的看法

17. 认为“公共资金应当用来鼓励开展更多跨文化融合”的民众占市民总人数的百分比

第五章

跨文化城市建设：案例分析

随着越来越多的城市意识到了文化多样性治理的重要性，跨文化城市战略项目已经从最初的11个参与城市，增加到2012年底的40个参与城市，而且参与城市的范围已经超出了欧洲。目前，已有29个城市运用跨文化指数进行跨文化政策分析，它们分别是：阿马多拉（葡萄牙）、巴塞罗纳（西班牙）、哥本哈根（丹麦）、圣塞巴斯蒂安（西班牙）、都柏林（爱尔兰）、杜伊斯堡（德国）、日内瓦（瑞士）、伊热夫斯克（乌德穆尔共和国，俄罗斯联邦）、利马索尔（塞浦路斯）、里斯本（葡萄牙）、伦敦自治市刘易舍姆（英国）、卢布林（波兰）、梅利托波尔（乌克兰）、墨西哥城（墨西哥）、蒙特利尔（加拿大）、慕尼黑（德国）、纳沙泰尔（瑞士）、新克尔恩（德国柏林）、奥斯陆（挪威）、佩特雷（希腊）、普里卢基（乌克兰）、雷焦艾米利亚（意大利）、里耶卡（克罗地亚）、塞尘起夫斯基（乌克兰基辅）、苏博蒂察（塞尔维亚）、蒂尔堡（荷兰）、蒂伦豪特（比利时）、斯特罗斯（瑞典）、苏黎世（瑞士）。

本章将选取都柏林、伦敦自治市刘易舍姆以及蒙特利尔三个城市的跨文化城市建设阶段性指数报告，分析其在跨文化城市建设上的具体举措和进展，以及“跨文化城市”项目专家提供的建议。

第一节 爱尔兰都柏林市①

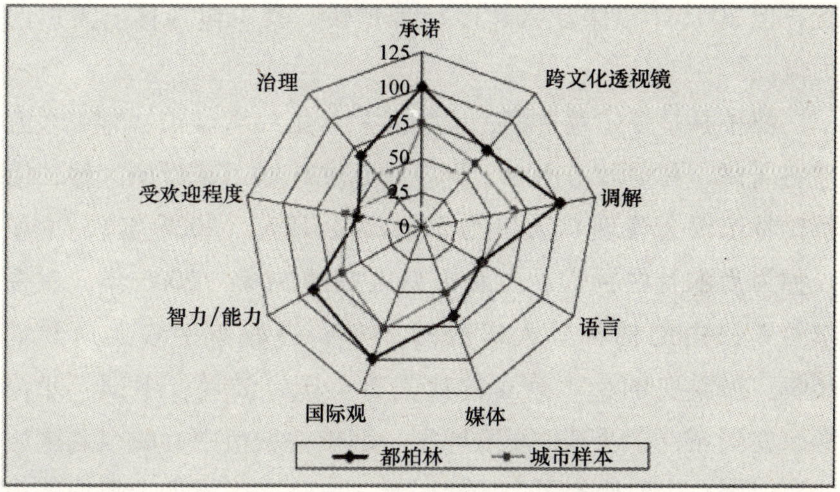

图 5—1 都柏林跨文化指数分析

资料来源：http：//www. coe. int/t/dg4/cultureheritage/culture/cities/Index/Dublin. en. pdf，第 3 页。

在历史上，爱尔兰一直是一个移民移出国。1871 年到 1961 年间，爱尔兰的人口移出速度超过了出生率，导致人口减

① http：//www. coe. int/t/dg4/cultureheritage/culture/cities/Index/Dublin_ en. pdf.

少了160万人。从1983年到2008年，爱尔兰经历了迅速的经济发展，其中从1994年到2000年，爱尔兰GDP每年增长8%以上，爱尔兰也摘掉了欧洲贫穷国家的帽了，成为经济发展引人瞩目的欧洲国家之一。与此同时，从1990年初起，爱尔兰吸引了大量的移民。2002年至2006年之间，移民数量构成了爱尔兰人口增长的60%。事实上，爱尔兰是欧盟15个成员国（2004年10个新成员国加入欧盟之前）中实现净移民流入的最后一个国家。因此，爱尔兰的净移民流入是个相对较新的状况，但2002年以来流入速度稳步加快，其中包括移出人口的回流。

都柏林是爱尔兰首都，也是爱尔兰第一大城市，有120万左右居民，其中城市中心（即参与跨文化城市建设的区域，由都柏林市议会管理）人口为506.2011万人（2006年），主要人种为爱尔兰白种人，占城市总人口的81%。2006年，非爱尔兰人口占都柏林总人口数的21%，占城市中心人口数的46%。最重要的少数族裔群体来自英国、波兰、中国、菲律宾、立陶宛，以及其他东欧国家。都柏林城市中心的东北区域一直以来是少数族裔最大的聚居地——这一区域里十个选区中的四个选区里少数族裔人口超过选区人口的50%，另外三个选区的少数族裔人口超过25%。爱尔兰的天主教徒占总人口的87%，都柏林市的天主教徒比例则不到80%，少数族裔的宗教群体主要为伊斯兰教徒。据不完全统计，居住在都柏林市的伊斯兰教徒约为1.2万人。爱尔兰司法、平等与法律改革部1998年成立了种族和跨文化主义国家咨询委员会（NCCRI），作为政府资助的独立专家机构，致力于联合政府和非政府组织一起制定反对种族主义、推进跨文化社会的战略方法，推动促进承认和适应文化多样性的合作行动等，在爱尔兰制定社会融合政策和提高跨文化敏感方面发挥了重要作用。2001 年，爱尔兰司法、平等与法律改革部成立了接纳和融合机构（RIA）来协调针对难民和寻求避难庇护者的服务，实施难民的社会融合政策。但是 2008 年爱尔兰政府分别停止了这两个机构的运行，引起了广泛争议，人们担心爱尔兰政府的文化多样性治理能力可能因此被削弱。2007 年，爱尔兰政府成立了融合部部长办公室来处理爱尔兰大规模移民相关的问题。在城市层面，都柏林市议会于 2006 年设立了社会融合办公室，来促进议会各部门对跨文化融合的理解和努力。[①] 都柏林市议会于 2011 年与欧洲议会签署协议，加入“跨文化城市”项目，项目周期为 2011—2012 年。

一、跨文化承诺

有效的跨文化战略包括地方政府发表的正式声明，传达该城市对跨文化原则承诺的明确信息。此外，政府也应该大力劝说当地利益相关者一起遵守跨文化原则。

跨文化指数分析表明，都柏林的承诺达成率（100%）远远高于试点城市的达成率（74%）。都柏林已采取了一系列举措表明对跨文化方法的承诺。市议会已正式发表公开声明，支持多样性、和平和共存。当地政府已经出台一套跨文化战略，制定行动计划并付诸实践。行动计划围绕着五个主题：促进平等、创造平等机会、参与、结果和条件。所有的行动都是为了

① 都柏林的背景信息参见 http://www.coe.int/t/dg4/cultureheritage/culture/cities/Dublinprofile_EN.pdf。

达到：资源得到再分配，思想得到表达，价值得到认可，人格得到尊重；反对种族主义、排外、限制及偏见；促进跨文化主义，交流、理解和整合；保障实实在在的人权；防止贫困，保障人们的生活水平（无论是物质、文化还是社会方面），使其平等地参与社会生活。都柏林已拨出预算用以实施跨文化战略和行动计划。市议会也已采用跨文化战略和行动计划评估。都柏林有专门的跨部门协调机构负责跨文化战略和行动计划。市议会已开通文化多样性和跨文化性的官方网站。在当地社区，那些为跨文化主义做出额外贡献的居民能得到认可。例如：都柏林为"《地铁下议院》跨文化奖"提供政治和财政支持，奖励个人、集体、公司和记者在促进跨文化理解和融合中所做出的贡献。最后，城市的语言和沟通都清楚地展示对跨文化的承诺。

二、教育政策

学校具有强大的社会影响力。学校教育既可以是消除偏见的武器，也可以是加深成见的工具。因为学校教育通过多种手段主导社会舆论，包括塑造社会环境、指导社会行为、灌输价值观。

分析表明，都柏林的教育政策达成率（56%）低于试点城市的达成率（65%）。在爱尔兰，尽管在地方层面涉及各种的宗派，但教育仍保持在中心层面而非地方政府层面。因此，主要管理、政策实施和民族精神确立都由各个学校董事会决定。这会对市一级跨文化政策实施形成挑战。而这样大的国家却有如此少的教育控制权，是不寻常的，显然，如果从管理有度来

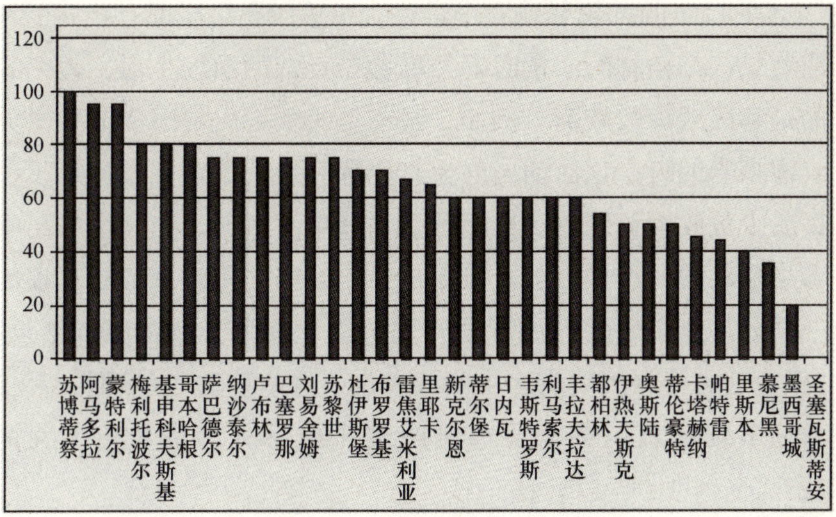

图 5—2　都柏林教育政策跨文化指数

资料来源：http：//www. coe. int/t/dg4/cultureheritage/culture/cities/Index/Dublin_ en. pdf，第 4 页。

说是有些受挫的。爱尔兰教育和科学部公布了“2010—2015 年跨文化教育战略”。战略定义跨文化教育为：“教育尊重、庆祝和承认文化多样性存在于人类生活各个方面。它使学习者对这样的观念敏感，那就是人类已经创造了多样的生活方式、风俗习惯和世界观，多彩的人类生活丰富了所有人。正是教育促进了平等和人权，向不公平的歧视发起挑战，传播了平等的价值观。”教育旨在确保所有的学生都能接受到这样的教育：“在爱尔兰社会，尊重价值观、信仰、语言和传统的多样性并以合作的理念将教育事业进行下去。”此外，“协助所有教育机构以确保在跨文化学习环境中，包容和文化融合成为常态”（教育法，1998 年）。

在12%的都柏林地方小学里，几乎所有学生都有相同的种族背景。都柏林的学校需要父母参与日常的学校生活，他们有的是移民或少数族裔。例如，城市里的学校庆祝国庆节并举办丰富多彩的跨文化活动。因为有老师和校长的重视及创新，移民或少数族裔背景的父母愿意参与其中。目前，在城市里尽管参加活动的父母并不多，但却是爱尔兰跨文化教育战略建议的一部分。全市鼓励当地学校开展跨文化项目。根据调查结果，“没有官方记录到底有多少学校参加了这些活动”。然而，都柏林的学校都意识到需要通过跨文化项目突出跨文化主义的益处。

都柏林在大部分地方学校启用有少数族裔背景的老师来反映多样化人口，以此改善跨文化教育方式。塞尔维亚的苏博蒂察市提供了这方面学习的典范。罗姆教育中心加紧对地方学校、幼儿园老师和助理的培训。

城市学校日益广泛的民族/文化融合对都柏林大有裨益。英国布拉德福德的教育部门发现，以前一些学校不断出现全部为白人学生或者全部为非白人学生的两极分化现象。这导致学生们几乎没有机会相互了解。因此，当地在70多所学校中建立联系，各个学校的师生可以更加密切的合作、交流。自从跨文化教育项目实施起，学生平均可以结交2.6个来自其他国家文化的新朋友。

都柏林需要继续完善跨文化教育方式，例如进一步鼓励学校通过创新让有移民或少数族裔背景的父母参加日常学校生活。瑞士日内瓦实行的“Sac d'histoires-a bag of histories”项目是这方面很好的例子。在日内瓦参与该项目的学校里，孩子们可以把学校的书、CD、DVD及其他的文化传播媒体带回家与父母分享，父母积极参与其中，同时也提高了他们的语言技巧。哥本哈根也实施了类似的项目。到学校开放日时，拉德曼斯盖德学校每月两次邀请学生父母到学校。他们可以获得免费晚餐并有机会和心理学家、护士、老师及当地协会交流。

三、社区政策

跨文化城市不需要一份人口混合的“完美”数据，而是要认可种族背景相同的人们地理邻近或结合的价值。但同时也承认空间上的种族分离会带来排斥的危险，成为影响人口、思想、机遇内外自由流动的障碍。

都柏林的居民区政策指标（69%）高于试点城市的指标（62%）。在都柏林的一些居民区里，大部分居民是少数族裔。市中心的东北部仍旧是少数族裔社区最集中的地方。该地区2/5的选举部门有超过50%的少数族裔，3/10的地方有超过25%的少数族裔。移民居民区和聚居地是根据一定需要形成的，如为获得更加经济实惠的住房、良好的工作环境和适宜做礼拜的场所（如清真寺、教堂等）。

都柏林鼓励居民与不同种族、文化背景的居民交流。例如，与社会融合办公室合作。服务于文化融合的该办公室已经开展了许多项目，专门处理居民区关系，包括“年度社会融合周”和“邻里日”。2010年，都柏林一个名为“The Bayno”的项目的内容是关注都柏林的自由。此外，该市还与爱尔兰警方合作，使“警务—全国性”而非地方性。同时该市多年来成功地开展了北方市内加尔达论坛，有效地促进了市内本地居民和少数族裔群体的交流和联系，并对社区安全和治安进行整顿。最后，都柏林同时也促进居民区的交流，目前正进行的举措是“一座城，一整体”活动，旨在构建邻里的凝聚力。这传达了一条信息：都柏林是一座开放、安全、平等的城市，尊重和包容多样性，反对种族主义和歧视。

四、公共服务政策

最佳的跨文化方法应该是在公共服务领域听取少数族裔的新思想、新思路和心声，而不是采用“一码通吃”的做法。

分析表明，都柏林的公共服务政策达成率（56%）高于试点城市的达成率（43%）。跨文化城市指标列出了四种公共服务。为满足具有少数族裔和不同文化背景公民的需求，都柏林提供了其中的两种，包括葬礼服务和组织校餐。

大量移民从事医疗和运输服务，如护士、医生、护工，及司机、普通操作工。然而在作为公共服务主体部门的市议会和行政部门里，却很少有移民任职。公共服务岗位招聘会通过爱尔兰主流媒体宣传，如发布招聘广告信息和公务员考试录取。但是这些组织形式都有家族继承传统，许多老员工子女继续干着类似的工作，或者知情人士被聘用。招聘政策改革并不如人口增长般快速，而且由于现在经济衰退，招聘市场不景气，使得短期内改变此种状况更为困难。

都柏林同时也鼓励私有经济劳动力市场里的文化融合，尽管还没有出台具体的政策，但向全国性报刊《地铁下议院》（颁布“《地铁下议院》跨文化奖”）提供财政支持。最近，都柏林诺斯伍德皇冠假日酒店获得了“《地铁下议院》跨文化奖”。为消除员工和客人所受的偏见和不公平待遇，皇冠假日酒店为多样性和组织管理创造有力的设想，成功应对了多样性管理的挑战。

评估报告建议都柏林实施具体的招聘策略，以确保有少数族裔背景的公职人员反映城市人口组成问题。这方面德国柏林已有先例。德国参议院开展了名为“柏林需要你”的招聘活动。按照计划，该活动始于2006年，止于2012年，通过提供给移民群体实习机会使参议院的员工多样化。活动的宣传与发展涉及移民协会及移民的父母，以扩大参与人群。利益相关者也参与其中，确保整个过程得到密切的监督。正是有了这个项目，移民实习生的比例从2006年的6%上升到2008年的14.5%。

荷兰的阿姆斯特丹也实施了类似的人力资源政策。通过市政职员组成反映该市人口构成，是阿姆斯特丹行政机构明确制定的目标，无论是政治层还是高级管理层无一例外。2007年到2010年新确定的多样性项目把目标瞄准了薪级表。多样性项目使阿姆斯特丹的管理取得了进步，移民员工从2006年的14%增加到2008年的21.5%。

丹麦的哥本哈根也采取了一系列行动提高该市行政机构移民员工的比例。地方政府提供带薪实习机会，尤其是面向移民职员，例如要求他们能讲某种移民语言。同时也提供实习生培训机会使其能获得固定岗位。市议会通过社区媒体和移民学生比例较大的大学，通告空缺职位。

评估报告建议都柏林建立公务服务体系，满足不同民族和文化背景的公民的需求。如可效仿荷兰的蒂尔堡在这方面的做法。随着蒂尔堡对移民的日益关注，他们发现移民在年老时得不到关怀，适应不了当地的文化。如今，蒂尔堡住房管理当局为特定人群，如来自苏里南和土耳其的老年公民，建立了老年公寓。当局的政策是：尽可能服务全体，有需要的应给予特殊照顾。

另一个值得借鉴的做法是：德国柏林新克尔恩当地议会的社会事务、住房与环境部与明爱会（隶属于德国天主教会的社会福利机构）的移民服务部门合作，开展服务老年公民的文化关爱活动。服务人员经过培训，熟悉文化敏感问题和相关信息。这次活动重在吸引移民自愿参与社会活动。这项活动的目标是加强与国内移民组织在老年公民服务领域（特别是社会组织以及地方老年公民委员会的工作）的建设性合作。这次活动能够继续发展的基础是为老年公民组织主题明确的见面、交流活动，吸引更多参与者积极参加。

德国柏林也采取了类似做法。柏林的跨文化开放战略以多样化的客户为基础，旨在适应管理工作。工作坊也从员工角度考虑设置，尤其是服务部经理。这种做法于 2004 年从德国参议院外交办公室开始，现在已经扩展到其他管理部门，如有移民背景的员工比例高的工作中心。

英国的利兹在这方面也提供了有益的示范。利兹的“住房积极培训行动”（PATH）为有移民背景的人提供培训机会。该项目旨在解决少数族裔在就业方面比例不足的问题，以及通过提供职业培训、教育和就业机会来发掘黑人和少数族裔的潜力。议会支持该项目的发展并用于招聘策略。例如 2008 年成人社会关怀部培训了七个 PHTA 学员作为社工助理，并作为吸引更多人加入此项目的成功典范。

都柏林可以在管理部门加大对非本国国民的开放力度。例如，瑞士纳沙泰尔与警方合作，说服他们对非本国国民放松森严的戒备。起初阶段，警方并不愿意这样做，因为他们相信只有本国国民才能真正捍卫自己国家的利益，但后来还是对非本国国民实行开放并获得成功的融合。

五、商业和劳动力市场政策

都柏林的商业和劳动力市场指标（60%）高于试点城市的指标（43%）。

都柏林成立了商业联盟组织，丰富了雇员文化背景的多样性，推进了公平就业。这些职能无论是在地方还是国家层面都通过一系列组织得以确保。例如，都柏林商会代表的是大大小小企业的利益，它是“走向一体化”城市框架的主要签约方。此外，平等事务局（管辖范围覆盖包括都柏林在内的整个爱尔兰）是根据1998年通过的平等就业法而设立的独立机构。它于1999年10月18日成立并取代了平等就业局，并且其功能和所扮演的角色日益重要。平等事务局作为都柏林市企业委员会的一员，对文化整合与跨文化理解做出了重要的贡献。最后，爱尔兰移民委员会启动了一项名为就业通道的计划。该计划主要关注年轻移民者的需求，通过给他们提供如就业信息和转换技能等实用工具，使其能在公平竞争环境中与其他求职者竞争。

都柏林颁布了在工作场所禁止民族歧视的章程，同时鼓励建立“商业区/孵化器”方便有不同文化背景的从业者进行交流。例如，“创新都柏林”是一个一年一度的活动，旨在为都柏林寻找新思想、新举措。民族企业家的创新精神和鼓励创业者创新经营已成为该项目延续至今的关键因素。

由于目前这项政策不是优先政策，都柏林可以考虑鼓励少数族裔工商业跨越地域进入主流和高附加值的行业。法国里昂市已经付诸实施的做法是这方面一个有力的例子。

都柏林可以建立基于商业和劳动力市场的举措，例如给予那些在采购商品和服务时实施文化多样化策略的企业以优先权。从调查结果来看，“由于大部分的投标都确保遵守严格的平等就业法，所以此举措至今还未被提出。”尽管如此，荷兰的阿姆斯特丹或许在这方面可以提供灵感。“投资回报社会”是2007年在阿姆斯特丹东南区开始的试点项目，目的是为了在公共合同里加上社会义务，尤其是承包商必须使用由合同所带来的利润为被劳动力市场排除在外的人提供就业机会，其中包括移民者。伦敦刘易舍姆区也采用了类似的做法。如果哪个公司没有实行文化多样性政策，刘易舍姆会通过业务咨询服务使之实行。

六、文化和公民生活政策

休闲娱乐的时光就是与其他文化背景的人们相遇、了解的最佳机会。因此，政府可以通过开展活动或者给其他机构分配资源的方式，影响人们的选择。

分析表明，都柏林的文化和公民生活政策达成率（100%）远远高于试点城市的达成率（78%）。尽管都柏林在这方面有不错的表现，但是影响移民团体更充分参与社会和文化活动的重大问题是难以获得设施使用和公共事件的保险覆盖。然而，与都柏林社区论坛相关的一个保险条款提供了帮助。在都柏林，所有给予协会及活动的资金都基于跨文化主义的标准。同时，都柏林也组织在艺术、文化和体育方面的活动以鼓励公民

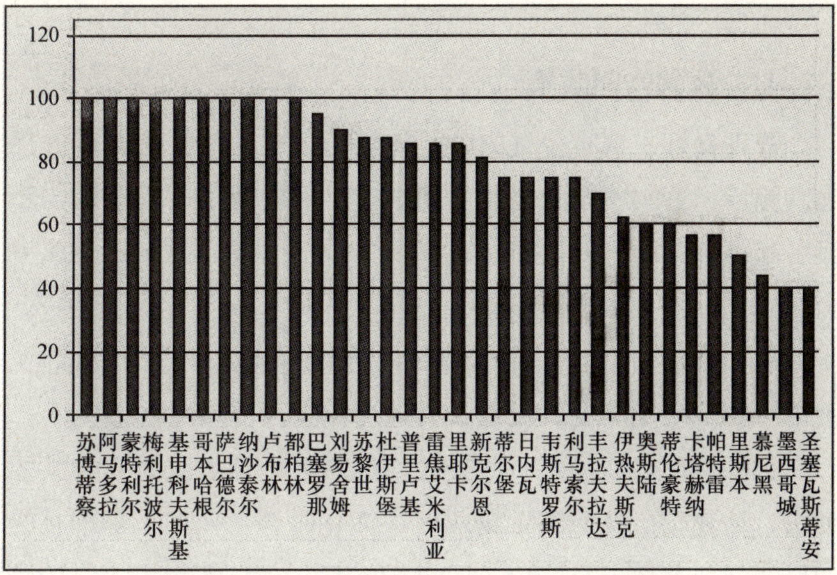

图 5—3　都柏林文化和公民生活政策跨文化指数

资料来源：http：//www. coe. int/t/dg4/cultureheritage/culture/cities/Index/Dublin_ en. pdf，第 11 页。

的文化融合。例如，都柏林的中国新年是由市议会和文化融合部门共同组织的年度盛事。它涉及城市的主要机构，目的是促进跨文化对话。旨在促进文化多样性和不同文化之间联系的文化组织同样是受到鼓励的。最后，都柏林组织了以文化多样性和共存为主题的公共辩论赛和宣传活动。例如都柏林 2009 年开始举办中国新年庆祝活动，每年一次，成为展示中国传统习俗和文化、促进中国与爱尔兰文化交流的一大盛事。[1]

---

① http：//www. dublin. ie/arts-culture/chinese-new-year－2010. htm。

七、公共空间政策

管理良好、富有生气的公共空间可以成为跨文化城市的标志。相反，管理不当的公共空间则充斥着对陌生人的怀疑与恐惧。都柏林公共空间政策达成率为90%，而试点城市的达成率为67%。

从调查结果来看，在都柏林没有任何地方被认为是危险、被单一族群所主导的，没有让其他居民有不受欢迎之感。

都柏林已经实施了一些公共空间政策。地方政府在公共图书馆、博物馆广场和游乐场所促进文化融合。例如，都柏林的切斯特教比蒂图书馆（Chester Beatty Library）实行了大量的跨文化教育项目，包括展览会、研讨会和地图描摹工作室。该项目旨在教育年轻人适应各种不同的文化环境及促进他们之间的文化融合。同时都柏林也通过丰富多彩的文化节日在城市广场和游乐场所实现文化融合。例如，中国新年嘉年华、体验日本和非洲风情日以及图片展等都有助于实现文化融合的目标。

如果要改造一个区域，都柏林市议会会提出不同形式和地方的磋商以争取居民种族和文化的多样性。例如，都柏林已经和一个名为“设计21世纪”的独立机构合作共同进行了一个关于设计都柏林的项目，以促进市中心作为社会交流场所的功能。2009年，他们实施了该项目的第一阶段：学会学习。这一阶段的主题为“发掘一个地方隐藏的潜力”。这个“地方”指的是位于都柏林北边的克朗格里芬。一个多学科的志愿者团队汇集于此共同迎接城市所面临的挑战。简而言之，该项目就是以设计为方法同都柏林人一道找寻完善都柏林的解决方案。第二阶段：爱城市。这一阶段主要是激励人们重新思考市中心的各项服务、设施。该团队调研并选择一个他们认为值得拥有更多爱的地方并且正千方百计使其变得更具吸引力。在公众参与的六个月里，市中心的居民被问及关于该城市的种种故事、最喜欢的地方、觉得市中心缺失的东西和他们希望改善的地方。结果发现许多人缺乏归属感或是对市中心的影响力，还发现了对犯罪活动的恐惧，尽管当地的犯罪统计并不能证明这些看法。选择市场区域为原型，鼓励人们创造自己的空间，例如，一群人以临时铺草的方法封闭街道。这就对管理公共空间的规则和惯例造成挑战，需要公共机构灵活回应。结果，一个通常需要六个月的许可减少为四天。经过改造，克朗格里芬的柯林斯神父公园于 2009 年重新开放，获得了包括“2010 年最佳公共空间”等一系列奖项。[①]

同时，都柏林也可以考虑促进城市市场里的文化融合。比如，维也纳商会和市议会在这方面共同实行的举措。奥塔克灵邻近维也纳市郊，有超过 50 个民族，包括巴基斯坦人、土耳其人、马格里布人和埃及人，他们占了人口总数 8000 人的 36%。在 20 世纪 90 年代后期，一度流行的、历史上著名的布兰能盖斯（Brunnengasse）露天市场长期面临游客减少的局面。市场大多数的底层空置，用于存储物品或被与市场无关的工业所占用，如赛马场外的彩票销售部。对此，维也纳商会和市议会决定将所有空置的铺面分配给艺术家且免租金。大量艺术家的涌入给该地方带来了生机与活力，并开展了许多与当地店主和居民相关的项目，如标志绘画及各种创新的且不寻常的项目。

---

① http://builtdublin.com/father-collins-park-clongriffin-dublin-13/.

最后，都柏林应该努力构建起现有的公共空间计划，例如在设计和建造新的公共建筑或空间时，考虑市民的种族和文化背景。这方面一个有用的例子是伦敦刘易舍姆区的做法。在那里，年轻人被邀请参与皮普斯新游乐场的设计和建造。在公园使用者团体和复职的公园管理者以及“河流与人民官员”组织的参与下，“女士泉”绿地（Ladywell fields）从废弃的牧场恢复了过来。

八、调解和解决冲突政策

跨文化城市认为，正是调解和解决冲突的过程孕育出创新和发展的机遇。

分析表明，都柏林的调解和解决冲突达成率（100%）远远高于试点城市的达成率（67%）。

都柏林已经建立了一套由自治组织管理的具备跨文化能力的调解服务。例如，爱尔兰移民委员会是一个独立的非政府组织，通过资讯、法律意见、辩护、游说、调查和培训保障移民者的权利。此外，爱尔兰移民权利中心是一个全国性的组织，关心移民工人及其家属的权利，旨在弥合移民群体支持及信息提供方面的差距。最后，“耶稣难民服务”是一个国际性的非政府的天主教组织，主要支持人们在政府提供的住宿寻求庇护，协助移民相关的被拘留者以及促进移民社区的一体化。这三个自治组织都提供了调解服务且具备跨文化能力。

同时，都柏林也在医院、居民区和街区等地提供调解服务。例如在警务方面，民族联络员经过特殊的培训以便能处理移民事件。在都柏林的居民区和街区，目前还没有官方的调解服务。然而，对地方所有公民而言，积极的公民意识和社区管理是非常重要的问题。都柏林也成立了一个组织专门处理各宗教间的关系问题。“灯笼中心”帮助各种信仰团体适应工作，促进各宗教间的关系。

九、语言政策

都柏林的语言政策达成率（49%）几乎与试点城市（50%）相等。

在爱尔兰，语言培训由教育部这样的中心层面而非地方政府层面进行管理。都柏林市议会为国家教育部门开展的特殊项目提供财政支持，也为那些孤立的群体提供官方语言的专门培训。都柏林为少数族裔报纸、期刊及广播节目提供财政支持，如《地铁下议院》（一家多元文化报纸，成立于2000年）、《太阳翡翠》（爱尔兰最大的中文报纸，每周发行约1.8万份）以及《非洲之声》。“地球村”和“你好中国”是都柏林提供财政支持的两大少数族裔广播节目。都柏林同时也鼓励各种项目给予移民、少数族裔语言以正面积极的形象。例如，在与都柏林三一学院和都柏林大学学院合作中，都柏林积极参与一个名为“多语言城市网络”的欧洲项目，有助于实现具体的政策目标。

都柏林在将来可以进一步改善语言政策，例如确保所有市民有资格接受移民、少数族裔语言培训。在这方面，都柏林可以参照瑞士纳沙泰尔市的做法。纳沙泰尔跨文化图书馆的志愿者相信，提供一系列双语书籍以及通过学校的帮助，流动儿童可以学会法语。父母用其母语读书给孩子听，这就肯定了他们的作用以及作为教育者（他们的地位曾因母语缺乏足够的主导性而受到威胁）的权威。反过来，这又加强了孩子们的阅读学习兴趣以及鼓励他们学习母语。

另一个可借鉴的例子来自伦敦刘易舍姆区。在刘易舍姆区的支持下，这里的补习学校提供母语和文化教育，也有全国性活动，如“黑人历史月”和“难民周”，都有母语推广。

都柏林可以考虑给予那些提供移民、少数族裔语言培训的私营、民间机构以更多支持。例如瑞士的苏黎世为移民、少数族裔提供汉语水平考试的额外课程，由大使馆、领事馆和私人机构提供帮助。这些课程主题覆盖面广，包括语言、历史、地理和少数民族文化等内容。类似的做法还有乌克兰的梅利托波尔市。在梅利托波尔市，一些少数民族文化组织为城市所有人（包括其他民族和其他语言背景的人）提供语言课程。因为政府支持这项活动，所以许多其他民族和其他语言背景的人们都参加了语言培训课程。

十、媒体政策

媒体不仅主导人们对于文化关系的态度，而且影响着不同民族在人们心目中的形象。地方当局可以与地方媒体机构合作，营造出对跨文化关系更加有益的公共舆论氛围。

都柏林67%的媒体政策已达成，而试点城市达成率为51%。都柏林号召信息服务机构以促进和谐的跨文化关系为己任。在这方面，所有的文化融合项目都由都柏林新闻办公室进行宣传。同时都柏林也为少数族裔背景的记者提供辩护、媒体培训、导师制培养。

都柏林可以进一步探索可能的媒体政策，例如监督当地媒体对少数族裔的报道。西班牙的巴塞罗那在这方面就提供了一个很好的例子。巴塞罗那开通了一个网站，与 60 个城市组织合作，打击关于文化多样性的各种成见和谣言，如移民滥用公共场所、逃税等，都是市议会希望通过该项目给予打击、消除的文化多样性陈规印象。该项目属于巴塞罗那跨文化计划的一部分，设想建立反谣言的网站和反谣言手册（包含各种有力数据和信息），曝光这些成见。该网站会公布提升意识的材料，组织参与性的活动，使人们反思各种谣言和成见，以及分析媒体是如何看待文化多样性的。

都柏林可以考虑通过定向的媒体会议和专门的报纸专栏，用媒体促进移民和少数族裔积极正面的形象。为了改善这一做法，都柏林可以借鉴意大利的雷焦艾米利亚市的举措。雷焦艾米利亚市在当地报纸和电视节目中加入了支持文化多样性的专题栏目；政府还向媒体提供了咨询人士的联系方式，丰富报道视角。

都柏林可以留意丹麦的哥本哈根推出的另一举措。哥本哈根已进行了为期三年的竞选（主题为“我们哥本哈根人”），旨在承认和庆祝文化多样性。媒体成为了竞选的一部分，并且有大量的新闻报道。

瑞士纳沙泰尔采取了一项叫作“来自别处，生活在此”（Vivreiçi en venant d’ailleurs）的促进移民群体参与社区活动的举措，旨在促进比通过正常媒体所获得的更积极的移民社区形象。通过报刊和广播电台其实现了双媒体策略。文章或广播讲述的都是关于当地移民生活、迁移历程、原籍国家的政治和历史状况等情况。

在法国里昂市，一个俱乐部也采取了类似的举措。在里昂，为了使人们关注支持文化多样性的倡议和活动，一批具有移民背景的专业人士与当地最大的报刊媒体——《进步报》(le ProgrÅs)，在“2009年文化多样性颁奖仪式”中成立了“里昂文化多样性俱乐部”，2000人出席了当天的活动。活动结束后，《进步报》出版了特别增刊。此后每年，里昂都会举办文化多样性颁奖活动。

此外，英国伦敦的刘易舍姆也是学习的典范之一。刘易舍姆出版了一本名为《刘易舍姆生活秀》的杂志，内容覆盖该区的多样性文化以及能够展示该区人口多样性的官方图片。

十一、国际化视野政策

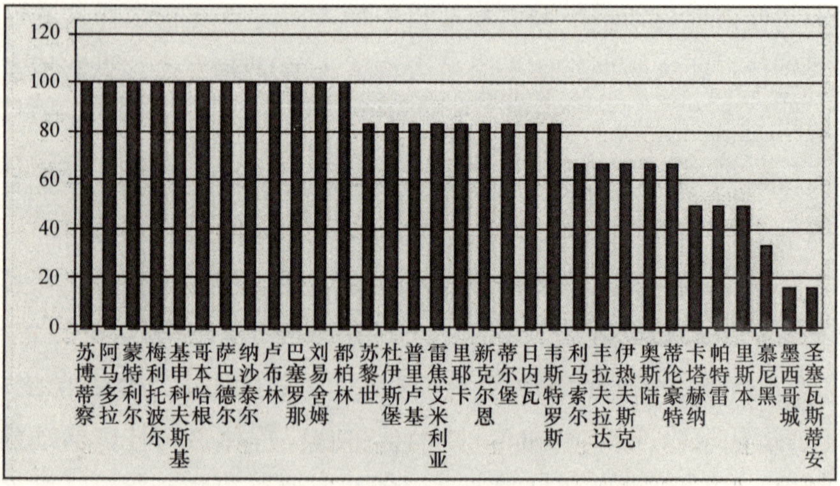

图5—4 都柏林国际化视野政策跨文化指数

资料来源：http：//www. coe. int/t/dg4/cultureheritage/culture/cities/Index/Dublin_ en. pdf，第17页。

都柏林国际化视野政策指标（100%）远远高于试点城市的指标（77%）。

都柏林已付诸实践若干政策鼓励国际合作。例如，国际关系办公室成立于2007年，旨在促进都柏林作为爱尔兰的国际门户地位。一项具体的财政条款已被引入用于实现这一目标。都柏林支持当地大学吸引留学生并确保他们积极参与城市生活。例如，“体验日本”的文化节吸引了大量日本留学生和国际留学生。国际关系办公室和经济规划发展署还开发项目，发展与移民原籍国家的经济关系，它涉及与其他国家的双边关系，展示了都柏林在国际关系和组织中积极发展与其他国家的跨国关系。现在，都柏林与西班牙的巴塞罗那、英国的利物浦、美国的圣何塞和巴西的里约热内卢结成了友好城市。

十二、情报能力政策

在一个最佳的跨文化城市里，一位称职的政府官员应该能够发现及应对文化差异，并相应地调整其策略方法，而不是以一种模式应对所有问题。

都柏林的情报能力政策达成率（89%）高于试点城市的达成率（64%）。都柏林实行了以下关于情报能力的最佳措施建议。在制定新计划时需告知城市关于该计划在多样性和跨文化关系方面的信息。在这方面，都柏林的一体化战略已经得到市议会和16个其他机构的支持。作为该战略审核过程的一部分，一体化办公室确保所有这些机构以及市议会都在履行它们的承诺并与时俱进。同时，都柏林也展开调查以了解居民是如何看待移民/少数族裔群体的，例如“你的都柏林，你的声音”是都柏林四个地方政府共同发起的举措，代表着都柏林、南都柏林市议会、芬戈尔郡议会和邓莱里拉斯当郡议会。调查主要是想了解那些在都柏林居住、工作、学习或旅游的人的想法。受访者认为都柏林主要的优势在于它的居民（31%），尤其是他们的幽默、友好和热情，文化和艺术（17%）、城市的精巧布局（15%）和多元化大都会的感觉（13%）。大约有88%的受访者喜欢该城市的多元化，认为它是都柏林的优势之一。都柏林通过跨学科研讨会、信息网络和培训课程提高工作人员的跨文化能力。都柏林已经开展了关于“平等、多样性和包容”的培训课程。

同时，都柏林也可以参照瑞士日内瓦在这方面值得借鉴的做法。在日内瓦，外国居民一体化办公室实施实习项目，旨在促进该项目人选在市政府管理和文化整合方面专业化的发展。

十三、开放政策

大部分移民（无论他们的情况如何）都有可能发现自己迷失方向，需要各种形式的支持。城市如何协调各方，有效地为移民提供各种支持，将在很大程度上影响移民在当地的生活和适应情况。

都柏林的开放政策达成率为45%，低于试点城市的达成率（54%）。都柏林已经出版了一套完整的信息以帮助新来定居的外国居民。“找到你的方向”旨在将移民者与可用和相关的服务联系起来以缓解他们的过度期焦虑，更好地融入爱尔兰的生活和社会。都柏林的服务和机构提供专门针对学生、家庭成

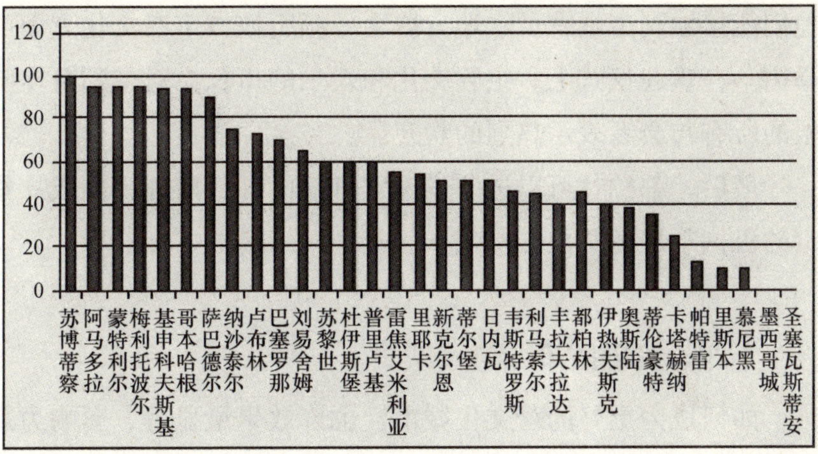

图 5—5　都柏林开放政策跨文化指数

资料来源：http：//www. coe. int/t/dg4/cultureheritage/culture/cities/Index/Dublin_ en. pdf，第 18 页。

员、难民、移民工人和家人团聚的支持。例如，个别大学和院校专门为学生提供热情的支持。此外，外事司的难民接待机构专门处理与难民相关的事件。各种的非政府组织——爱尔兰移民委员会，移民权利中心和“互相关怀”（Crosscare）移民机构，为移民工人提供支持。

都柏林可以考虑荷兰的蒂尔堡市议会的开放举措。在蒂尔堡，每个移民都要参加跨文化融合项目，该项目包括工作、荷兰语、历史、文化课程。蒂尔堡每月都会在市政厅为通过跨文化融合项目测试的移民举办特别典礼，每月大约有 30 位移民通过考试。典礼中，高级市政官宣布这些移民正式成为蒂尔堡居民。市政当局每年还会为新居民举办一次大型宴会。

丹麦的哥本哈根市议会也实行了类似的举措。留学生被邀请到市政厅与其他外籍人士一道参加欢迎仪式。在此情况下，他们能接触到市政官员、地方协会，倾听该城市在文化方面的举措。在欢迎仪式上，主管文化和娱乐的市长会对来到哥本哈根的所有与会者表示热烈的欢迎。

最后，都柏林可以进一步探索可能的开放措施，如成立指定的机构欢迎新移民。

十四、管理政策

如何成为更好的跨文化城市？也许效果最显著、影响力最持久的方法就是推进民主代表与决策进程。都柏林的管理政策达成率为67%，而试点城市的达成率则为34%。

在都柏林，新移民一旦注册成为都柏林居民后，就有资格参与地方选举。2008年，都柏林市长推出了一项新举措，都柏林市议会称之为“移民选民运动”。这种创新的举措增强了移民居民的选举权意识，选民登记意识以及使其明白在选举日如何进行选举。虽然参加全国性选举的前提必须是爱尔兰公民，但是任何人不管任何身份地位，只要年满18岁的公民就有资格参加地方性选举。在都柏林，一个代表所有少数族裔的独立政治机构已经建立。

都柏林可以进一步探索可能的管理政策，例如提高移民在城市管理的比例。在爱尔兰，政治已经被高度地方化了。移民大量集中在都柏林的远郊，少数族裔议员被选举到边远区议会，而在都柏林市内，一定数量的移民并不能代表足够的选举力量。为改善这一状况，都柏林或许可以参照“英国黑色选举”机构的做法。为鼓励英国利物浦的年轻移民进入政界，他们可以跟随当地现任政治领导人（不妨碍其工作），以便可以更好地了解政治领袖的工作。

最后，都柏林可以通过在能监督公共团体的强制性机构里设立移民少数群体的代表比例标准，进一步探索可能的管理政策。

十五、总结

在大多数的跨文化战略领域，都柏林确实远远优于许多试点城市。其在以下领域的某些领先做法可以为其他城市提供见解和实例：承诺、调解和解决冲突，媒体、国际化视野、情报能力、居民区、公共服务、商业和劳动力市场、文化和公民生活、公共空间。

第二节　伦敦自治市刘易舍姆

英国伦敦[①]常被认为是“世界之都”。由于历史、经济（尤其是它在世界财政上扮演的角色）和移民模式的原因，现已发展成为世界上最国际化和最具多样化的城市。一切有关种族、人口出生率和居民信仰的有效数据都可以证明这一点。2001 年，居民中的 40% 都是少数民族，其中亚裔为 12%，而最大的少数民族群体是包括欧洲人、澳洲人和中东人在内的“其他白人”群种。除了“其他白人”群种，其他比例较大的依次是印度人、非洲黑人、哥伦比亚黑人以及爱尔兰白人，然

① http：//www. coe. int/t/dg4/cultureheritage/culture/Cities/Publication/BookCoE19 – Singh. pdf.

后是孟加拉国人、巴基斯坦人和亚洲其他地区人。

2001年，居住在伦敦的人有194万不在英国出生。一半以上的人口是基督徒，25%以上没有宗教（或者没有给出答复）。其次分别是穆斯林教徒（9%）、印度教徒（4%）、犹太教徒（2%）和锡克教徒（1.5%）。关于跨国种族划分，一些有效数据反映了儿童和父母之间的区别。21%的儿童种族和自己的母亲是不同的，而且种族不同，这个数据比例也不同。

预计从2006年到2026年伦敦人口会增长10.8%（80.3万人），白人会减少0.1%，增长最多的是其他人群、中国人和巴基斯坦人，分别是65.8%、45.9%和40.3%。有三种群体将占总增长人口的55%，分别是其他人群（20.7%）、非洲黑人（18.5%）和印度人（16.3%）。到2026年，非洲黑人、亚洲人和少数民族群种（BAME）可能会占总人口的39.1%。

对任何一个首都而言，复杂的人口构成和一个迷宫式治理结构的结合都会在出台系统化和连贯性政策的过程中出现问题，而这些政策是为了同时解决伦敦集成、分层以及分割的问题，考虑到伦敦的人口预测，这些问题有可能变得更加严峻。

伦敦警察部队，也就是伦敦警察厅，一度与伦敦多个社区有过长时间的纠葛。他们对加勒比黑人的严厉治安管理引发了1981年的布利克斯顿骚乱，1999年具有里程碑意义的关于1993年谋杀黑人少年的“麦克弗森报告”给整个运动贴上了制度性的种族主义标签。近年来的恐怖袭击事件引发了人们对穆斯林团体的关注，又进一步加剧了伦敦警察和这个人口较多群体的紧张关系。虽然警察在着装打扮上变得多样化了，但是和伦敦城的多样性比较起来，仍然缺乏少数民族代表尤其是更高水平的代表。

伦敦的大型公共部门组织有很大比例的少数民族职工，但是他们通常代表下层组织，许多大型组织雇用的相当一部分低薪职工多数来自于少数民族。比如在伦敦交通局（TFL），约2万个劳动力中有1/3是少数民族，但高级管理人员中只有12%是黑人、亚洲人或少数民族。

伦敦公开资助的文化和艺术部门尚未反映出少数民族人口的多样性和活力。这些社区的艺术家和组织是可见的，大量的公共资金仍然用来建立组织和公共场所，但并不能反映非西方的影响或成为真正的跨文化新形式。

托尼特拉弗斯在《伦敦的政治：管理一个难以管理的城市》中论证了伦敦管理的复杂性和由此产生的透明度的缺乏，这也成了一直以来争论的主题。像西欧其他国家一样，英国近些年来的主要政治和公共政策之一就是种族和信仰群体是否有被隔离的趋势。另外，公共政策是否应该允许甚至鼓励少数民族聚居区的出现。

应对多样性的人口是伦敦作为国际性大都市发展必须积极面对的问题，但鉴于问题的复杂性，在整个伦敦进行改革似乎不太可行。我们还发现少数民族人口主要集中在伦敦自治区内部，外部比例较少。九个自治市的少数民族人口占总人口一半以上，但不同的少数民族广泛分布在许多不同的自治市。因此从自治市入手，尝试改革，通过新政策解决文化冲突问题，促进多元文化和谐共处、共同发展不失为一个好办法。

刘易舍姆[①]作为伦敦的一个自治市拥有人口26.45万人。其中白种人居多，占人口总数的57%，外来居民占27%，第一代和第二代移民约占32%。其他民族包括：加勒比黑人占13.40%、非裔黑人占11.40%、其他国家和地区的黑人占5.7%、印度人占2.1%。

一、跨文化承诺

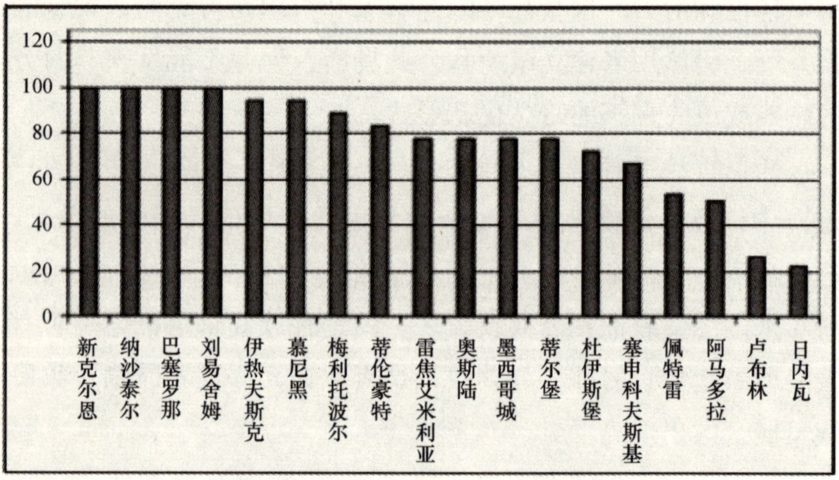

图5—6　刘易舍姆跨文化承诺指数

资料来源：http：//www.coe.int/t/dg4/cultureheritage/culture/cities/Index/Lewisham_en.pdf，p.2。

最佳跨文化城市策略将包括地方当局发表的正式声明，传达该城市对跨文化原则承诺的明确信息。此外，当局也极力劝

① http：//www.coe.int/t/dg4/cultureheritage/culture/cities/Index/Lewisham_en.pdf.

说当地利益相关者一起遵守跨文化原则。

刘易舍姆的承诺目标达标率（100%）远远高于试点城市的达成率（76%）。

伦敦自治市刘易舍姆已经采取了一系列积极措施体现出跨文化承诺，其已正式公开宣布其跨文化城市的承诺。城市委员会已经制定了跨文化策略和行动方案并且为此项方案安排了专项资金。刘易舍姆也有跨文化策略的评估过程。例如，在2006年第一次出台的综合平等计划（CES）经过修订，首次纳入了有关性倾向、年龄和宗教信仰的信息、问题和相关领域。刘易舍姆自治市有专门的跨部门协调机构负责跨文化城市策略和行动方案，还发布了致力于跨文化发展的官方网站。市长在公众讲话和交谈中也明确提及其承诺。刘易舍姆城市委员会发行的杂志《刘易舍姆生活秀》挑选了一些官方图片来代表城市人口的多样化。对于促进当地社区跨文化建设的居民，自治市会给予嘉奖。例如，对于促进城市绿化、保护环境、维护公共设施的公民，将授予其“关爱刘易舍姆城市奖”予以表彰。

二、教育政策

学校具有强大的社会影响力。学校教育既可以是消除偏见的武器，也可以是加深成见的工具。因为学校教育通过多种手段主导社会舆论，包括塑造社会环境、指导社会行为、灌输价值观。

分析表明，刘易舍姆的教育政策达成率（75%）远高于试点城市的达成率（62%）。

在刘易舍姆当地的小学里，学生们来自于不同的民族背景。根据指标里所显示的数据，在当地有信仰的学校里也有不同民族的学生。

刘易舍姆已经实践了多个跨文化教育举措。当地学校努力促使具有移民或是少数民族背景的家长参与到学校的日常生活中来。例如，希尔德里克学校专门与索马里家长合作；自治市鼓励当地学校开展跨文化项目，如圣约翰浸礼学校已与当地的穆斯林学校建立了良好关系。

刘易舍姆通过聘用不同民族的教师来反映当地学校人口的多样化，以此改善跨文化教育方式。

三、社区政策

跨文化城市不需要一份人口混合的“完美”数据，而是要认可民族背景相同的人们地理邻近或结合的价值。但同时也承认空间上的种族分离会带来排斥的危险，成为影响人口、思想、机遇内外自由流动的障碍。

刘易舍姆的居民区政策指数（75%）远远高于试点城市的指数（62%）。

在刘易舍姆的居民区中，绝大部分的居民并非属于同一种族。黑人和少数族裔主要聚居在两个区域，均超过总人口的50%，即城市的北部（纽克罗斯、伊夫林等部分地区）和中部（拉什埃格林、刘易舍姆中部）。

刘易舍姆已经实施了多种社区交流举措，包括鼓励不同社区、不同民族的居民增进联系；倡导加强邻里关系。但是，这些都是通过实践活动而非政策保证的。对于代表人数不足的社区居民想加入活动，若有必要，当地区域大会将采取特定措施予以保证。这样可以增进居民间的相互理解，增强当地社区的社会凝聚力。

刘易舍姆自治市希望通过实施这一政策可以进一步探索更多可行的关于社区政策的开创性活动，同时又避免了民族的集中和孤立。

四、公共服务政策

最佳的跨文化方法应该是在公共服务领域听取少数族裔的新思想、新思路和心声，而不是采用“一刀切”的做法。

分析表明，刘易舍姆的公共服务政策达成率（90%）大大超过了试点城市的达成率（67%）。

市政委员会已经实施了多个跨文化公共服务举措。刘易舍姆就业人员的民族背景反映了居民的民族背景情况。2008—2009 年度，刘易舍姆就业概要提供了以下民族的失业率数据：白人 62%，黑人及少数民族 36%，其他 2%。由于采取了一项特别的就业政策，非英国公民能够在当地的公共行政部门谋职。刘易舍姆政府也鼓励劳动力在私人劳动市场的跨文化融合。例如，委员会发布的采购政策及合同中提到的平等性，规定投标公司需说明他们符合申请的条件。跨文化城市指标列出了五种公共服务。为满足来自不同民族和文化背景的公民需求，刘易舍姆提供了以下几种，分别是丧葬服务、校餐服务、为女士在特定场所和特定时段提供的运动设施服务。

五、商业和劳动力市场政策

刘易舍姆市的商业和劳动力市场指数高达 100%，这远远高于试点城市44%的达成率。

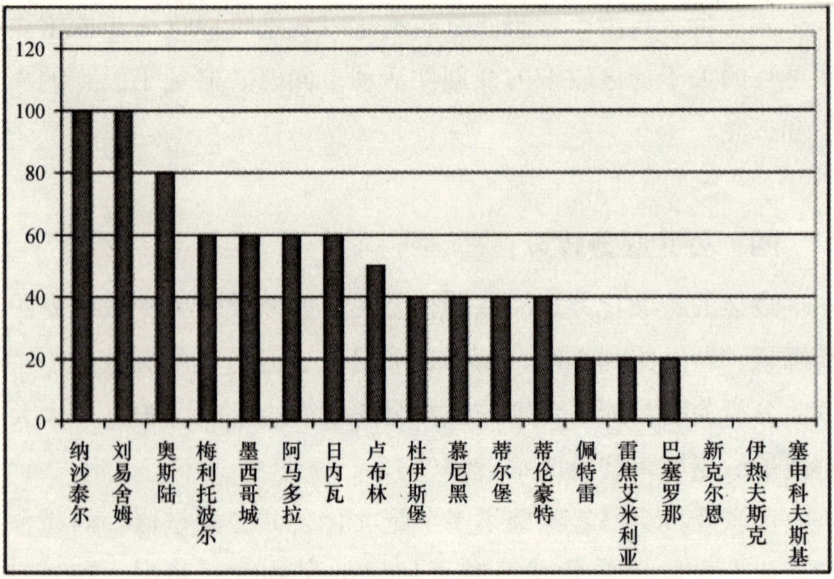

图5—7 刘易舍姆商业和劳动力市场政策跨文化指数

资料来源：http：//www.coe.int/t/dg4/cultureheritage/culture/cities/Index/Lewisham_en.pdf，p.5。

自治市已在商业和劳动力市场方面采取了以下最佳的实践建议。刘易舍姆建立了伞状组织结构以促进劳动力人口的多样性，避免种族歧视。最近英国商务部同意刘易舍姆增加其成员，特别是黑人和少数民族代表。通过形式多样和有代表性的中小企业基地的优势，再生和社区战略增强了凝聚力。目前的数据表明，参加创业前培训的人中有70%是来自黑人和少数族裔社区。市议会已经签署了一项法案，禁止就业歧视。刘易舍姆鼓励少数族裔企业超越本土经济的限制，进入主流和高附加值行业。更具体地说，刘易舍姆黑人和少数民族的集中业务应涉及进出口市场。市议会鼓励建立“商业区/孵化器”以促使来自不同文化背景的居民更易融合。刘易舍姆优先考虑采购产品和服务时实施多元化战略的公司。如果一个公司没有实施多元化战略，刘易舍姆支持它通过业务咨询服务来实现。

六、文化和公民生活政策

休闲娱乐时是与其他文化背景的人们相遇、相知的最佳机会。因此，政府可以通过开展活动或者给其他机构分配资源的方式，影响人们的选择。

刘易舍姆的文化和公民生活政策达成率（100%）远远高于试点城市的达成率（78%）。

刘易舍姆在文化和公民生活方面实施了以下的政策。第一，把跨文化作为团体资金配置的一个衡量标准；第二，团体机构提供的服务必须为全体社区居民所享有；第三，管理委员会、全体职员和使用者一定要能反映城市的跨文化特点（除非针对特定群体）；第四，能提供建筑能力的组织机构才有竞标筹资的资格。新基金的目的是为了筹备社会资金，增强社会凝聚力。全部资金都被用于符合跨文化原则的机构团体和措施上。市政委员会还组织了一系列的艺术、文化、体育赛事和活动以促进不同民族的居民大融合。例如，在一年一度的“刘易舍姆人民日”这天，当地的区域国民大会举办一些社会氛围浓郁的活动以吸引众多游客（如世界美食节）。另外，刘易舍姆市还大力促进文化组织建设，旨在促进文化多样性，加强不同文化之间的联系。例如，刘易舍姆“黑人历史宣传月”[①] 集中举办了一系列活动宣传黑人和少数民族群体的历史文化和成就。

七、公共空间政策

管理良好、富有生气的公共空间可以成为跨文化城市的灯塔。相反，管理不当的公共空间则充斥着对陌生人的怀疑与恐惧。刘易舍姆公共空间政策目标达成率为90%，而试点城市的达成率为67%。

刘易舍姆的高基准分要归功于其实施的一些公共空间政策。地方政府在公共图书馆、博物馆广场和游乐场所促进文化融合。当要进行区域改造时，政府会提出不同的商议形式和地点，目的在于维护民族和文化的多样性。在设计建造新公共空间和图书馆时，市议会会考虑市民的民族文化背景。在刘易舍姆，没有一处地方是由单一民族所主导的，因而不会使其他居民感到不适。根据调查结果，城市中有一两个区域被打上了“危险”的标签。其实，从民族多样性的角度看，这种看法绝非必要。时代和年龄差异造成了这些地区背负着恶名。

八、调解和解决冲突政策

最佳跨文化城市认为，正是调解和解决冲突的过程孕育出创新和发展的机遇。

分析表明，刘易舍姆的调解和解决冲突政策达成率（49%）低于试点城市的达成率（66%）。

---

① http://www.coe.int/t/dg4/cultureheritage/culture/cities/Index/Lewisham_en.pdf, p.6.

为了实现调解和解决冲突政策中的目标，市议会已经引进了一些举措。刘易舍姆政府已经集资建立了一套由自治性的人道主义组织——“种族平等行动会”管理的具备跨文化能力的调解服务，目前有一些计划已补充到了服务中。刘易舍姆还向公共场所提供调解服务，如医院、行政机构，以及社区或街道。

九、语言政策

刘易舍姆的语言政策达成率（42%）比试点城市的达成率（51%）略低。

为了达到语言政策中的目标，刘易舍姆政府已经引进了一些举措。根据调查问卷分析，刘易舍姆为无法接受教育的人群提供了官方语言的特别培训。移民或少数族裔的语言仅作为非本国儿童的母语教授。当然，其他公民也可以学习移民少数族裔的语言。政府也批准私人机构、公共团体从事移民和少数族裔语言的培训。并且，刘易舍姆教育部门为母语为非英语者开设了英语课程。刘易舍姆还鼓励举办能为移民或少数族裔的语言带来积极影响的活动，如“移民语言日”、读书日、诗歌朗诵晚会以及多种语言文化比赛。并且，刘易舍姆支持补习学校提供针对母语和提升文化敏感度的培训。

刘易舍姆在语言政策方面做出了很多努力，如为少数族裔创办的报纸、杂志、电台节目提供资金支持，支持以少数民族语言播送的电视节目等。

十、媒体政策

媒体不仅主导人们对于文化关系的态度，而且影响不同民族在人们心目中的形象。当地政府可以与地方媒体机构合作，营造出对跨文化关系更加有益的公共舆论氛围。

刘易舍姆的媒体政策达成率为63%，而试点城市的达成率为53%。市政府已采取了多样的媒体政策措施。例如，提供信息服务以促进和谐的跨文化关系；监督当地媒体对少数族裔的报道。

刘易舍姆通过特定的媒体会议和报纸专栏促进移民和少数民族的积极正面形象，若确保这一政策着眼于未来的发展，市议会的媒体策略和多样性战略必将从中大受裨益。值得一提的是，沟通小组对媒体的沟通策略进行了“平等性影响力评估”。当要求媒体提供信息时，媒体承诺会展示代表整个刘易舍姆的“正面形象”。

依据调查信息，英国媒体业与市议会是相互独立的，因此市议会无法支持对少数民族记者的媒体培训和制度。

十一、国际化视野政策

最理想的跨文化城市应当积极与其他地区建立贸易、文化交流和旅游联系。

刘易舍姆的国际化视野政策指数（17%）大大低于试点城市的指数（75%）。刘易舍姆没有实施任何政策鼓励国际合作。但是，该市设立了国际运营官和欧洲项目经理来监管与法国、德国、尼加拉瓜、南非和欧洲议会的双边关系。虽然以上工作没有财政拨款，但是每一项都配有专员。调查显示，当地大学有权各自招收留学生。刘易舍姆也没有促进与移民国家共同发展的具体项目和政策，但英国商务部有相关的商务措施。

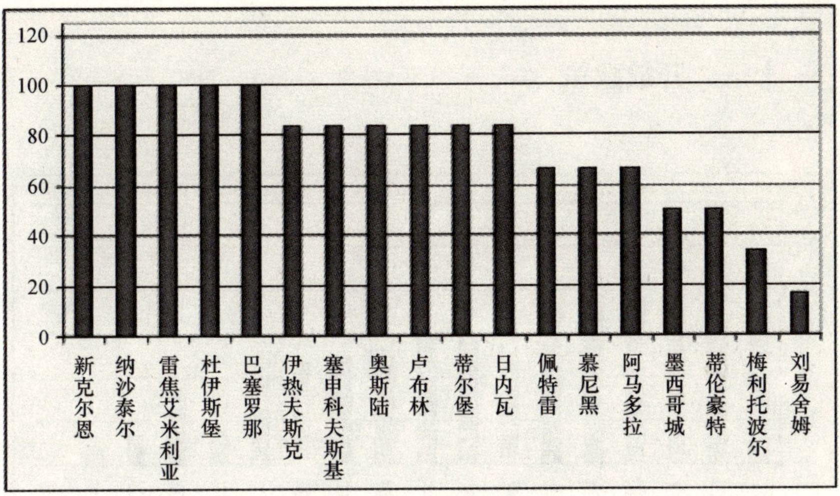

图 5—8　刘易舍姆国际化视野政策跨文化指数

资料来源：http：//www.coe.int/t/dg4/cultureheritage/culture/cities/Index/Lewisham_en.pdf，p.8。

十二、情报能力政策

在一个最理想的跨文化城市里，一位称职的政府官员应该能够发现并应对文化差异，且相应地调整其策略方法，而不是以一种模式就应对所有问题。

刘易舍姆的情报能力政策目标达成率低于试点城市的指数，分别为55%和73%。

刘易舍姆实行了以下关于情报能力的最佳举措。在制定新措施时，有关多样性和跨文化关系的信息是要通知给各区的主流信息。同时，刘易舍姆还通过跨学科研讨会、信息网络和课程培训活动来提升政府官员和相关人员的跨文化能力。

刘易舍姆期望通过调查当地居民对移民的看法，考虑制定城市当前的情报能力政策。

十三、开放政策

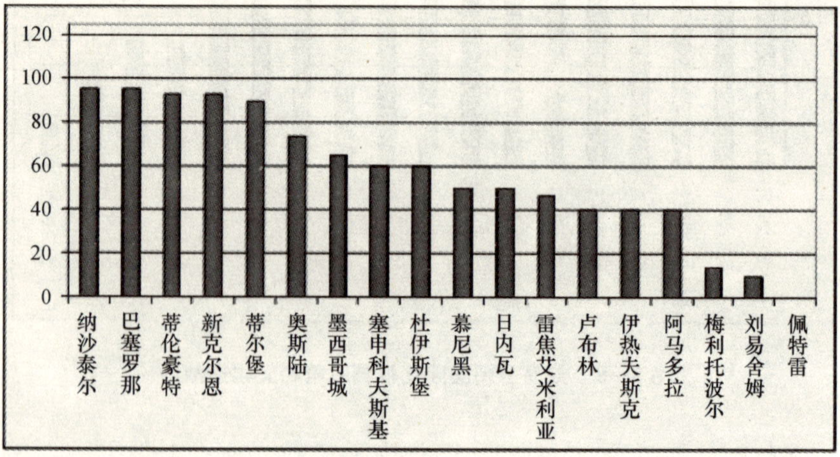

图 5—9　刘易舍姆开放政策跨文化指数

资料来源：http：//www. coe. int/t/dg4/cultureheritage/culture/cities/Index/Lewisham _ en. pdf，p. 9。

大部分移民（无论他们的情况如何）都有可能发现自己迷失方向，需要各种形式的支援。城市如何协调各方有效地为移民提供各种支持，将在很大程度上影响移民在当地的生活和适应情况。

刘易舍姆的开放政策目标达成率仅为10%，这远远低于试点城市的达成率56%。

刘易舍姆已经实施了多种多样的开放措施。例如，政府为学生、家庭成员和难民提供相应的服务及咨询。

刘易舍姆期望进一步探索可行的开放政策，如：创立一个欢迎新移民的特定机构；建立城市服务办事处，为学生、移民工人以及其他能从中受益的公民提供帮助；代表刘易舍姆政府欢迎新移民；出版了一本综合信息工具书以帮助新居民适应环境。

十四、管理政策

如何成为更好的跨文化城市？也许效果最显著、影响力最持久的方法就是推进民主代表与决策进程。

刘易舍姆的管理政策达成率为60%，而试点城市的达成率仅为32%。

如果新移民已经在移民局登记过或是来自英联邦共同体的公民，也有选举权。刘易舍姆建立了独立的政治团体，他们代表了少数族裔群体的利益。

十五、总结

在大多数的跨文化战略领域，刘易舍姆的确远远优于许多试点城市。它在以下领域的领先实践可以给其他城市启示并起到示范作用：跨文化承诺和领导力、教育、社区、公共服务和商业。刘易舍姆应努力推进与移民所属国家的关系政策，以一种更有层次、更系统的方式进行跨文化调节并提出欢迎新移民的新举措。在这一方面，刘易舍姆可以借鉴纳沙泰尔、雷焦艾米利亚、巴塞罗那这些城市的经验。

第三节　加拿大蒙特利尔市[①]

虽然“跨文化城市”项目最初的试点范围是欧盟城市，但是随着项目的发展和更多城市认可跨文化政策，该项目的实施范围也扩展到其他地区。本节将解析加拿大的蒙特利尔市的跨文化指数报告。

截至2006年3月，蒙特利尔市有162.0693万人口，常驻人口构成比较复杂。据加拿大权威部门报告统计，主要人口为加拿大本土以及法裔加拿大人。其中本市加拿大本土人口为53.7625万，法裔加拿大人为37.12万。

蒙特利尔市有移民人口为48.809万人，占蒙特利尔市人口的31%。其中非常驻人口为3.281万人，占总人口的2%。主要移民人口为以下几个地区的后裔：加勒比地区（8.649万人）、中南美（5.719万人）、欧洲（39.31万人）、非洲（4.9005万人）、西亚（2.9745万人）、南亚（5.398万人）、东南亚（10.5295万人）、大洋洲（0.0595万人）。

蒙特利尔市最大的移民群体分别为：意大利人（4.942万人）、海地人（0.392万人）、中国人（2.507万人）、法国人（2.393万人）、阿尔及利亚人（2.148万人）、摩洛哥人（2.085万人）、黎巴嫩人（1.8845万人）、越南人（1.7155万人）。超15岁的居民中有48.9965万人为非本国出生的居民，被认为是第一代移民；二代移民为17.404万人。

---

① http：//www. coe. int/t/dg4/cultureheritage/culture/cities/Index/Montreal_en. pdf.

受经济全球化以及经济形势不景气影响，雇佣海外用工较多的蒙特利尔制造业受冲击较大。一些群体，尤其是少数族裔群体，尽管拥有与其他群体相同甚至更高的学历，却出现就业困难的现象。这种趋势也引起二代、三代移民的关注。蒙特利尔市因此将面对新的挑战，即为移民构建经济和社会的融合做出努力，消除贫困和歧视。

一、跨文化承诺

蒙特利尔市在文化管理多样性中的成就为78%，基本与试点城市持平。蒙特利尔市并未官方宣布其在跨文化城市建设中所做的努力，但制定和设计的跨文化城市建设策略已付诸实践。蒙特利尔市为其跨文化城市建设和行动计划做出了明确的预算。城市委员会有对跨文化城市建设的评估机制以及有专门的关于文化多样性的网站。蒙特利尔市设有跨部门间的协作机制，专门为跨文化城市的计划和行动给予支持。

自2000年以来，跨文化性已经成为蒙特利尔市的一个基本策略。蒙特利尔市专门设有奖项以奖励那些为本市跨文化建设有突出贡献的人。蒙特利尔跨文化办公室是一个专门为地区政府做有关跨文化城市建设咨询工作的机构。它提供信息咨询、培训等多项服务，旨在跨文化环境下避免种族矛盾和促进就业公平化。

对于增加公众对跨文化城市建设事业的理解，蒙特利尔市可参照其他城市（如挪威的奥斯陆）。奥斯陆在城市宣言中称：“奥斯陆是一座全体公民有着共同价值观的城市。本市的所有市民都是非常珍贵的资源。我们均是来自不同文化、种族和宗教的奥斯陆市民，我们怀有共同的理念，承担相同的责任。”在荷兰的蒂尔堡，其跨文化城市理念为：“每一位蒂尔堡的市民无论其背景和社区都肩负有相同的责任，即保持这座城市的高生活质量。与此同时我们尊重种族多样性，因为我们都是蒂尔堡市民。”

二、教育政策

学校教育对整个社会有着巨大的影响，对偏见起着或加强或挑战的作用。据分析指出，蒙特利尔市在教育方面的指数（95%）比试点城市（66%）要高出很多。据城市委员会调查：没有一所学校的学生是由单一种族构成的，所有孩子的父母都来自于不同的种族和文化背景。蒙特利尔市所有学校中都有少数民族和外来的移民。

三、社区政策

与试点城市（62%）相比，蒙特利尔市社区政策指数相当高（80%）。只有少数的居民来自相同的种族。移民们首选的落脚地是蒙特利尔岛，那里多数居民是由不同种族的人构成的。蒙特利尔市鼓励不同区域的居民与其来自不同文化和种族背景的人相互交流和融合。蒙特利尔市一直致力于在各地区改善居民居住条件，确保和促进移民能在社会层面和文化层面融入蒙特利尔市。但新移民能支付起的住房对蒙特利尔市来说依旧是个挑战。

四、公共服务政策

蒙特利尔市的公共服务政策成就指数（65%）较试点城市（43%）高出12%。城市委员会已将多项关于跨文化城市建设公共服务的政策付诸实践。非本国居民一样可以在公共管理部门寻求就业的机会。在2010年，23%的新员工有移民背景。一个专业的自主项目根据新进移民的能力提供6个月的工作试用期。

蒙特利尔市与CRE合作，鼓励私人企业聘用移民员工。蒙特利尔市考虑借鉴荷兰蒂尔堡的经验，为所有参与社会工作的公务人员进行跨文化培训，同时企业也将这样培训新员工。有的城市开展了为其老年公民提高跨文化敏感度的教育活动。柏林也采取了类似的行动，其跨文化策略旨在令管理部门多元文化背景更为凸显，例如一些工厂和商店由来自不同种族员工构成。另一个相关城市经验是丹麦的哥本哈根。哥本哈根市已采取了一些行动，以改善移民在城市管理中的代表性，然而，这还没有适用于所有移民。作为2011年至2014年的目标之一，哥本哈根为少数群体提供了带薪实习和培训机会，使他们能够获得永久职位。市议会和一些传媒集团也会为来自于少数民族背景的学生提供就业机会。

五、商业和劳动力市场政策

蒙特利尔市的商业和劳动力市场政策指数（80%）远高于试点城市（44%）。蒙特利尔市为商业组织撑起了一把保护伞用以提高种族多样性和在工作环境中消除歧视，鼓励不同文化背景和种族的人为蒙特利尔市的经济发展做出贡献。但对那些采取这些政策的公司不给予特权。蒙特利尔市鼓励商业特区适应不同文化和种族背景的居民以达到更完美的融合。

六、文化和公民生活政策

人们的空闲时间总是来自不同文化背景的人相互交流的大好时机。蒙特利尔市以其独特的活动方式和资源分配方式影响着其市民。

蒙特利尔市的文化和公民生活政策指数达到（100%）高于试点城市的78%。在文化和公民生活上实施了一个政策，即将跨文化融合作为一切机构的活动宗旨。城市组织与文化和体育相关的活动，鼓励不同文化间的交流和融合。最后，蒙特利尔市组织公众和公司对“和而不同”这一主题进行了辩论。

蒙特利尔市在组织艺术、文化和体育等活动上有着浓厚的兴趣，其宗旨无外乎促使不同文化背景的人们间的交流。比如蒙特利尔市的雪岭圣母区（Côte-des-Neiges—Notre-Dame-de-Grâce）于2005年就设立了跨文化图书馆，旨在通过提供语言课程、世界音乐和少数族裔语言的书籍来促进不同文化间的交流。

七、公共空间政策

蒙特利尔的公共空间政策指数为90%高于试点城市的65%。据调查，城市中没有一处是被人们普遍认为危险的，同时城市中也没有单一种族的聚居区，让不同种族的人感到不舒服。城市的图书馆、博物馆以及各种场馆在设计的时候充分考虑到了跨文化服务的需求。尤其是图书馆，其在设计上就针对满足来自不同文化背景的人们的需求下了功夫，而且为不同人们的相遇交流做了努力。

八、调解和解决冲突政策

蒙特利尔市的调停和矛盾解决策略的指数为93%远高于试点城市的68%。蒙特利尔市并没有建立一个具有跨文化能力的调解和化解矛盾的组织，而是在跨文化培训上下了功夫。蒙特利尔市为公众雇员和经理都做了针对不同文化背景的跨文化交际培训，帮助他们掌握这些专业知识。

九、语言政策

围绕着语言和融合的争论与政策首先集中在移民学习本地语言上。在此问题上，多数国家倾向于将移民使用的语言逐渐与本国语言融合，而并非互利共赢。一个成功的跨文化城市理应为其移民学习本地或本国语言提供良好的土壤，以便其顺利掌握。与此同时为其他形式的交流方式敞开大门，为多语言环境创造良好的条件。不得不承认，母语与多语种共存在文化、政治、经济上都为本国带来利益。同时对于非语言类的交流也应加以重视。

蒙特利尔市在语言指数上较样本指数的49%略低于试点城市四个百分点。蒙特利尔市并没有颁布相应的政策和建立相应的组织来鼓励语言的融合。但其支持少数民族发行刊物，同时图书馆提供以移民语言印刷的书籍。

十、媒体政策

从传媒方面来讲，媒体对一个地区的评价或报道将对人们有着很大程度的影响。比如媒体对特定的某少数族群或多数族群的态度，将影响人们对他们的评价。因此，本地的机构和媒体可以合作来实现这一地区来自不同种族和国家的人们的融洽相处。试点城市的跨文化媒体政策指数目标为49%，蒙特利尔市在这一指标上达到了65%。

在媒体政策方面，蒙特利尔市并没有一个特别明确的媒体宣传政策以便积极地宣传种族多样性和均衡不同种族在媒体前的曝光率。但是，蒙特利尔市在此方面确实做了很多创新性的尝试，如在社区文化和节日上促进不同种族和族群的融合。蒙特利尔市并没有为媒体提供咨询和培训等方面的帮助，也就是说有第三方机构来监督少数群体在媒体中的曝光率。蒙特利尔市的媒体政策的灵感源自于哥本哈根市的做法。在媒体政策上，丹麦的哥本哈根市为其移民和少数群体在媒体上树立积极的形象，并为其开辟指定和特定的媒体专栏。

十一、国际化视野政策

蒙特利尔市在国际化视野方面的指数得分远远高于试点城市达到100%。蒙特利尔市相继出台和实施了多项政策以鼓励国际合作。来自国家反种族歧视组织和奉行这一政策的跨国企业及组织对此表示欢迎。为此，蒙特利尔特别对其提供财政上的支持。

在对待留学生群体上，蒙特利尔积极鼓励和确保留学生群体在当地的积极作用，并鼓励其为本地大学吸引更多的留学生。蒙特利尔市同时也希望出台政策和方案积极与其移民的宗主国展开经济领域的合作。最先在此方面做出尝试的伦敦刘易舍姆，尽管并没有实施与其相同的项目或政策，但是它为其移民的宗主国提供特别的商业建议，这些建议与英国商务部有着密切的联系。

十二、情报能力政策

称职的跨文化城市的政府部门对文化差异应具有快速的发现和反应能力，根据不同的文化背景和情况采取行之有效的方法，而不能对文化差异采取千篇一律的政策和手段。此方面蒙特利尔市的指数依旧高于试点城市的65%达到100%。蒙特利尔市在制定和实施每一项政策的时候，都会对其居民进行调查，以发现其中的问题，确保其政策是建立在民意和真实的调查之上的。蒙特利尔市采取了对其公务人员进行相关培训的办法来提示他们的跨文化交际能力。

十三、开放政策

蒙特利尔在此指标上所达到的指数较试点城市的57%要偏低，为38%。蒙特利尔市没有一个专门的机构或组织来帮助新移民，同时也没有提供完整、全面的信息来帮助新移民。这些信息和开放政策往往被各种组织提供给了留学生群体、难民以及外来务工人员。蒙特利尔市没有为新进移民所举行的正式和官方的仪式。

十四、管理政策

蒙特利尔市在管理层面所取得的评价指数为13%，低于试点城市的32%。绝大多数的国家在本地选举的时候是全员参加的，即城市的绝大多数人口所代表的非本国国民没有权利参加地区选举，这在一定的程度上解释了获选的官员并非是不同族群代表的原因。蒙特利尔市并没有修改选举法的权利，但其希望在非国民参与政治生活的问题上积极展开探索，来鼓励移民选出移民代表来帮助参与城市的管理。在此方面展开积极探索的例子是英国的利物浦。利物浦允许年轻人跟随当地政治家，以此来令年轻的移民更了解和积极参与政治事务。

蒙特利尔市没有独立的组织代表少数民族，但蒙特利尔市跨文化委员会由15位专家提供各类事务的咨询并参与其执行。蒙特利尔市应考虑出台相关代表移民少数民族的准则和办法来监督学校和公众群体。

十五、总结

在大部分跨文化政策领域上，蒙特利尔市远领先于试点城市。蒙特利尔市先进的理念和事例能对其他从事跨文化城市建设的城市起到榜样的作用。特别是蒙特利尔市在跨文化宣言、教育、睦邻关系、公共服务、商业和劳务市场、文化和市民生活、公共空间、冲突调解和解决、国际形象中有着非凡的成就和成熟的经验。其在管理和迎新政策上略有欠缺，这理应是今后蒙特利尔市努力改进的方向。

第六章

上海跨文化城市建设思考

第一节　中国大都市面临文化多样性挑战

近年来北京、广州、上海连续出现了数起外国人扰乱治安、引起公愤的群体性事件。

2012年5月8日晚，一名英国籍男子酒后在北京公共场所对一名女子进行猥亵，路人发现后制止并报警，警方及时赶到现场将该男子抓获。

5月14日晚，从沈阳开往北京的D8次列车上，北京交响乐团的首席大提琴手奥列克·维捷尔尼科夫光脚跷在前排中国女士的头上，并高声辱骂，他的无礼行径引起列车乘客的愤怒。

6月18日，一名外籍男士在广州搭乘电动自行车，与车主因车费纠纷发生打斗，双方随后被警方带到派出所做进一步调查。不久，该外籍男士突然昏迷，警方即通知“120”派医务人员到场抢救，最终经抢救无效死亡。第二天，陆续有一些外籍人员来到案发派出所门口聚集，导致交通严重堵塞。

8月1日，《新民晚报》报道了多名市民向媒体诉说外国邻居狂欢派对持续深夜扰民现象，引起邻里间新矛盾。

为了应对由外籍人士引起的突发事件，北京启动了清理非法入境、非法居留、非法工作的外国人。这是中国首都地区第一次公开、集中清理“三非”外国人，加强对“三非”外国人的管理。

这几起事件的发生看似偶然，毫无关联性，其实有其必然性与普遍性，我们只是看到隐性事件的冰山一角。这些事件向我们揭示了一个深层的问题，也是这些事件的本质问题，即随着全球化进程加剧，中国国际大都市的人口国际化程度加深，外国人不断涌入中国，寻求各种发展机会，这是国际大都市社会建设与经济发展的趋势，而“三非”人员或一些不和谐的现象便在所难免。从表层现象分析，这些问题看似为外国人口管理、出入境管理、签证政策或边境管控、法律是否完善或执法是否有效等问题，但从深层次分析，这是全球化经济发展使一些国家居民向一些富国或具有经济发展潜力的国家流动的趋势，是国际大都市发展的特征，是经济和社会发展的必然性。但由此也产生了国际大都市跨文化管理问题、全球化公民或跨文化公民素养问题，在此涉及到了城市管理中的两个新概念：跨文化城市管理和跨文化公民素养。都市跨文化管理问题是全球化社会所面临的新的挑战，是世界性的难题，更是对传统的城市管理理念的挑战。避免或解决这类事件不能就事论事地搞“百日专项”行动，更不能像搞运动似的来一次彻底“扫荡”。对待新时代出现的新问题，我们要正视这些问题，要转变我们的思维方式和城市管理模式，要以全球的视野、创新的思维、跨文化的视角看待这些问题，分析事物的本质，同时也需要我们常态管理，只有这样才能从根本上治理社会问题。

根据上海市政府发展规划，上海将在2020年初步建成国际经济中心、国际金融中心、国际贸易中心、国际航运中心。2012年5月22日，俞正声书记在上海市第十次党代表大会上提出，未来五年，上海核心任务是创新驱动、转型发展，主要目标是要把上海建设成社会主义现代化国际大都市。

国际大都市不仅仅要拥有一定数量的跨国公司总部、国际性机构集中地、巨型建筑等符号性事物，它还是一个移民之城，还需要一定比例的外籍人士。而外籍人口多少是衡量城市国际化程度的重要可量化指标，因为这是反映城市在国际分工中能在多大程度上吸引外国企业、外国留学生、外国专家和外国人才移民的因素。

根据2010年进行的第六次全国人口普查资料显示，上海已成为全国境外人员最集聚的地区之一。2010年，居住在本市并接受普查登记的境外人员共有20.83万人，仅次于广东省，居全国第二位。其中，外籍人员为14.32万人，占68.7%，人数居全国第一位。

根据上海外国专家局介绍，目前上海有15万外国人，其中外国专家有8.1万人。

来自市教委的统计，目前上海高校留学生人数达到4.3万多人，来自全球177个国家和地区，到2015年，来沪就读留学生人数将达到7万。《上海市教育国际化工程“十二五”行动计划》提出目标，要把上海建成亚太地区最受欢迎的外国留学生留学目的地城市。

这些数据显示，随着上海建设社会主义现代化国际大都市步伐的加快、实现“四个中心”目标的临近，外籍人士自然会涌入上海，外籍人口的比例也会随之增长，届时上海必然会面临欧洲正面临的跨文化挑战。然而跨文化挑战对城市建设的影响在中国未有涉及，上海在推进智慧城市建设中，还未触及跨文化城市的概念和跨文化教育（由联合国教科文组织 2008 年提出），及它们对上海实现“四个中心”和建设国际大都市产生的作用与影响。而当下欧盟正在实施的跨文化城市建设战略是在总结欧洲各国所遇到的跨文化挑战而提出的城市治理方案。有鉴于此，上海应适应时代发展需求，高瞻远瞩，总结与借鉴欧盟跨文化城市建设的成功经验与教训，理解跨文化城市建设战略内涵，提出上海跨文化城市建设战略，提升各级领导的跨文化视野与素养，提高国际大都市城市治理能力，培养跨文化公民素质。

2012 年 8 月 10 日，上海市委书记俞正声在接受《人民日报》记者专访时提出了“公正、包容、责任、诚信”价值取向，并阐述了“包容”的内涵，说上海的优势在于人才。同时，在 6000 多平方公里土地上聚集的 2300 多万人，只有相互尊重、相互体谅，才能和谐共赢，共享发展成果。我们认为，俞正声书记这里所指的人才理应包含在上海的不同文化、不同国籍的各类外籍人才。他所阐述的“包容”的内涵就是跨文化城市建设战略的内涵，就是全球公民的跨文化素养。作为上海市民，身处多元文化社会和多元文化工作环境，应适应跨文化环境。上海的各级政府机构，应直面跨文化挑战，将多元文化所带来的挑战转变为社会发展与财富创造的机遇，接纳不同文化背景的群体，使他们相互学习、相互理解、相互适应、相互宽容、相互尊重、相互欣赏，真正体现上海城市的“海纳百川”、“大气谦和”的胸怀。

“跨文化城市”，作为欧洲委员会和欧盟委员会的联合试点项目，旨在检验文化多样性和移民问题对欧洲城市的影响，制定一些有助于城市将多样性作为其发展因素的政策和策略，并且最终找到解决不同文化背景的民众如何共同生活、如何创建美好城市等现实问题的答案。值得注意的是，该战略提出了切实可行的政策和方法，欧洲所有的城市都可以采用这些政策和方法并从中受益。

虽然跨文化城市战略不是解决这些重要问题的唯一方案，但是就目前情况来看，它的适用范围和领域都非常具有前景。整个欧洲都可以利用跨文化城市战略模型分析历史多样性、少数族裔，以及近年来的移民问题。当然，实现这一战略需要全社会广泛参与，包括国家领导、公务人员，非政府和移民组织、公共服务、文化教育等领域的专家，商业和媒体机构。

综合上述分析，笔者认为研究欧盟跨文化城市建设战略成功经验对上海推进智慧城市建设、“四个中心”建设和社会主义现代化国际大都市建设不仅具有借鉴作用，而且具有前瞻性和指导性。

第二节 欧盟跨文化城市建设对中国大都市建设的启示

图 6—1 2013 年跨文化城市战略会议，爱尔兰都柏林（笔者摄）

2013 年 2 月 6—8 日在爱尔兰都柏林市举办了以“文化多样性服务于城市”为主题的跨文化城市战略会议。这次大会不仅有 250 余名来自欧洲 40 个国家的跨文化城市政府官员，而且还有跨文化城市研究专家参加，会议特邀了中国、美国、加拿大、墨西哥、日本五个非欧盟国家的跨文化问题专家参与讨论，庄恩平教授作为特邀专家，也是中国唯一的专家参加会议，并与欧盟官员、跨文化城市政府官员和跨文化专家进行探讨与交流。本次会议是欧盟跨文化城市战略的里程碑盛会，会议延续并深化了往届跨文化会议主旨，即发挥城市的多样性优势，建设跨文化城市。

此次会议不仅仅是欧洲各国的跨文化城市政府官员进行交流与学习的平台，而且更是围绕城市如何直面多元文化挑战，如何将多元文化挑战转为多元文化财富和城市发展机遇的研讨会议。无论是来自欧洲委员会和欧盟委员会的官员，不同国家城市的市长、议员，还是跨文化专家，大家一起讨论、一起交流、一起参观社区，大家都试图以跨文化视角探讨如何将挑战变为机遇，如何把文化多样性变成城市发展的优势，希望学习不同城市的做法，并应用于自己的城市建设。

因此，本次会议有两大特色值得我们反思与借鉴。一是跨文化城市建设已从理念探讨到今天的应用实践。自 2008 年开始 11 个城市试行跨文化城市建设战略，到 2012 年底已达到 40 个城市，申请加入跨文化城市项目的城市数量超出预期速度。考虑到跨文化城市建设尚属城市建设中的一个新理念，城市发展中所遇到的问题又是一个新的问题，不同国家的不同城市有其特殊性，这些城市所遇到的问题还有所不同，城市的规模与性质、城市的基础与问题也都不能一概而论，所以欧洲委员会还需时间研讨跨文化城市这个新理念如何在城市治理方案、城市建设政策与措施等方面中具体落实，因而采取在试点城市中进行探索。申请城市可根据各自城市的规模与性质以及所遇到的实际问题，采取适合各自实际情况的方法。虽然在接受试点城市的规模方面有所限制，但从目前跨文化城市发展的数量上看，足以证明欧洲各国城市在被多元文化所困扰时已看到了解决问题的一丝希望，并展现出积极的热情与期望。二是各国城市市长认为，他们已将跨文化城市概念引入城市建设战略之中，并亲自制定与负责跨文化城市建设项目。从制定政策、设置机构、配备专员、落实经费，到组织与参与跨文化城市建设经验交流会议，尤其在这次三天的研讨会上，这些市长以及相关部门的部长亲临会场，以平等的身份、虚心好学的态度参与交流与谈论，足以证明跨文化城市项目在城市建设中的重要性。

一、分析与反思

1. 探寻突破城市发展瓶颈

在欧洲委员会和欧盟委员会实施跨文化城市战略项目之前，许多城市在面对多元文化对城市发展的挑战时往往感到束手无策，一时无法找到治理的良方，使得这些城市处于发展的瓶颈阶段，从而影响了社会的发展和城市治安的稳定。今天这些城市看到了全球化社会给欧洲各国城市带来的多元文化，而正是这些多元文化使这些城市政府官员看到了发展的希望，他们试图从中发现机遇与资源，所以 2008 年发起的跨文化城市战略项目，从欧洲 11 个城市开始试点，到 2012 年底已有 40 个城市加入其行列，如英国伦敦和爱尔兰都柏林等大城市都于 2009 年和 2010 年加盟。这些城市的市长和专家都在这次大会上交流，分享收获与体会。

2. 城市文化多样性呈现共性

城市发展中的跨文化问题不只是欧洲城市所面临的问题，而是全球化社会各国所面临的共性问题。所以 2012 年 1 月日本基金会与欧洲委员会在东京联合举办亚欧跨文化城市论坛，欧洲委员会官员、欧盟跨文化城市专家，以及日本和韩国城市官员参加了论坛，之后发布了《东京宣言》，旨在与欧洲委员会加强合作，推进日本跨文化城市建设进程，并加强跨文化城市间的交流与合作，共同探讨全球所面临的跨文化挑战。2012年10月，日本再次举办亚欧跨文化城市高峰会议，探讨如何将“文化多样性是挑战”的理念转变为“是财富、是机遇”的理念。[①] 韩国不仅积极参加欧盟跨文化城市以及日本亚欧跨文化城市研讨会，而且也在积极推进韩国跨文化城市战略发展。

3. 文化多样性是城市发展的障碍还是机遇？

城市管理者是否愿意接受文化差异，是否有能力处理文化多样性，决定了文化多样性在城市发展中的作用。如果城市管理者对文化多样性持否定态度，认为少数族裔文化和外来移民文化对主体民族文化构成威胁，认为不同文化背景、不同价值观的人们在一起只会产生冲突，而且自身又缺乏解决文化冲突的能力，那么他们采取的应对措施必然是回避冲突。尽管这种做法可以换来一时的风平浪静，但是从长远角度看，避免冲突的政策只是加重了人们的不满情绪，因为人们居住的社区是一个动态、交流的环境，一味压制，则会使问题变多，矛盾变深，最终难以收场。如此，文化多样性不仅无法展现出优势，反而成为城市发展的障碍。

相反，如果城市管理者具备全球化视野，他们就能看到文化多样性是资源而非挑战。如果城市管理者有能力驾驭文化差异，那么文化多样性必然成为城市发展的机遇，因为城市创新源于文化碰撞。多元文化彼此交锋，相互碰撞，就会擦出火花，孕育新思想。没有交锋，没有对比，就看不到对方的优势，也不会思考自己的不足。城市不仅不会因为少数族裔文化

---

① http：//www. coe. int/t/dg4/caltureheritage/culture/cities/events. en. asp.

和外来移民文化的进入而产生混乱，反而可以借助打造跨文化城市的机会，消除歧视和偏见，推动社会发展。美国就经历了这样的过程。作为移民国家，美国的文化定位经历了从“大熔炉”（Melting Pot），到“沙拉碗”（Salad Bowl），再到“织锦”（Tapestry）的过程，政府也从宣扬单一的美利坚文化到鼓励多元文化百花齐放的过程，所以文化多样性是美国人能够不断创新的宝贵源泉。

二、启示与借鉴

庄恩平教授曾在《国际大都市跨文化建设的经验与启示——欧盟跨文化城市建设的借鉴》一文中，发出了上海建设跨文化大都市必要性和紧迫性的呼唤。在此他提出三点理由作为构建上海跨文化城市建设战略的理论框架：

1. 跨文化城市是全球化的时代呼唤

今天我们讨论欧盟各国所遇到的跨文化挑战，已看到它们在积极地参与跨文化城市建设，并从探索中取得收获。我们的邻国——日本和韩国早已意识到全球化给城市发展带来的是机遇，于是也积极地行动了起来。上海更是处在全球化时代的风口浪尖，是等挑战来临再行动，还是直面全球化社会所产生的也是我们无法回避的跨文化挑战，这是两种态度。而这两种态度就会决定两种结果：一种是我们等待，希望能躲避这一挑战；另一种是我们积极应对。前者结果必然是困惑与徘徊；后者结果定是和谐与创新。

2. 城市创新源于文化碰撞

今天我们一直在呼吁创新驱动转型发展，那么何谓创新驱动呢？没有创新驱动的转型发展是我们所需要的转型吗？我们也一直在提倡创新城市概念，那么怎样的城市才能体现创新呢？创新城市的内涵在哪里呢？我们在快速地转型发展，物质上、硬件上或者数量上都在追求世界一流的水平，但是我们依然缺少自主品牌，“中国制造”的规模远远大于“中国创造”，我们依旧缺乏国际竞争力、创造力和创新力。所以我们应当转变思维模式换位思考，应当用全球视野审视多元文化，只有这样我们才能发现多元文化相互碰撞时会激发灵感，会擦出火花，会产生创新源泉。如果我们以狭隘的视野看待多元文化碰撞，我们就会把这种碰撞理解为文化冲突，于是我们就会采取回避的措施，这样就会扼杀创新的原动力。其实文化冲突是一种不同思维、不同视角、不同观点，是一种正常的现象。所以只有直面这种文化碰撞，才能化挑战为机遇。没有这种碰撞就不会产生创新的思路，也就没有创新的思想，虽然这只是一种态度，但其结果却是天壤之别。

3. 跨文化城市建设是提升上海软实力的必然趋势

上海作为中国的经济中心，其经济发达程度超过其他城市，但是上海应如何提升城市软实力，体现国际大都市市民的素养，成为真正意义上的国际化大都市？城市软实力不仅要体现城市文化与精神，城市管理规范与法规完善，城市开放与包容，而且还要体现城市市民的文化修养与行为规范，更要体现国际化大都市市民对异文化接纳的态度及对多元文化的意识。为此，我们不妨从以下两方面先试先行，必定能起到事半功倍效果。

第一，转变思维方式，提高跨文化意识。跨文化城市的特征就是多元文化背景群体人数的增加，他们以其各自的思维方式与行为方式参与主流文化的一切社会活动、工作与生活，所以城市管理者和企业经营者不能以所习惯的管理方式与他们共事相处，更不能以我们通用的管理模式强加于他们，这样只会事与愿违。只有通过跨文化培训，提高城市管理者的跨文化意识与能力，才能有助于提高城市管理效率，因为具有跨文化意识与能力的管理者才会相应地调整看问题的思维方式以及处事方式，这样才能驾驭多元文化的挑战，这种能力已被美国和英国等称为21世纪社会所必需的基本能力。同时社会也应向一些需要跨文化知识与帮助的异文化群体提供跨文化咨询与服务。这种服务和环境正是国际大都市软实力的体现。

第二，构建跨文化校园。根据《上海市教育国际化工程“十二五”行动计划》，上海要加大教育的国际交流与合作。教育国际化是上海建设国际大都市的必然选择，是国家和上海市中长期教育改革和发展规划纲要的重要内容，是上海教育质量提升、内涵发展的内在需要。其中大力发展来华留学生教育也是其主要的目标与任务。其中学历生2.5万人，约占留学生总数的35%，长期生数近5万人，占总数的72%。由此可见，目前上海的大学校园客观上已成为跨文化校园。从国家战略视角分析，这些外国学生在未来会对中国对外合作与交流起着举足轻重的作用。笔者在授课中了解到，有些非洲国家或贫穷落后国家的学生，由于他们缺乏跨文化意识，往往会对中国学生产生误解。比如他们非常困惑，认为中国学生会以鄙视的目光看待他们，并在他们背后说些他们听不懂的话，甚至有些人不愿意与中国学生交友。这些问题是否已引起有关部门重视？他们是否接受过跨文化培训？同样，上海国际化教育战略也扩大了与海外大学交流的渠道，选派中国学生参与海外大学交流与实习项目。由于缺乏跨文化意识与跨文化适应性，中国学生往往会以中国式的价值取向或中国式的行为准则在海外生活、学习、实习，然而有些行为却因触犯了当地的法律而受到惩罚，造成极坏的影响。这些虽然是个案，但却是国际化教育所产生的一种负面效应。虽然这些问题反映在个别学生身上，但也说明学校人才培养速度滞后于国际化教育发展的速度，使得这些学生缺乏跨文化意识与能力从而无法适应跨文化环境。所以无论是外国学生在中国学习还是中国学生在海外交流，他们都必须及时补上跨文化沟通课程，不然类似的问题还会屡屡出现。由此可见，构建跨文化校园，营造跨文化校园氛围，提供跨文化咨询与服务是国际化教育的当务之急。

第三节　构建上海跨文化城市框架

根据上海市政府发展规划，上海将在 2020 年初步建成国际经济中心、国际金融中心、国际贸易中心、国际航运中心，初步形成国际大都市的雏形。虽然学者对国际大都市特征还未形成公认的定义，但国际大都市的内涵必须具有跨文化的氛围、具有较高跨文化素养的市民，以及具有适合外籍人士学习、工作、生活的多元文化城市环境，这才是城市软实力的体现，也是上海国际大都市建设所面临的巨大挑战。

国际化人才是国际大都市人口的特征，外籍人士在城市中的比例是衡量城市国际化重要的可量化指标，反映了城市在国际化分工中能在多大程度上吸引外国企业、外国学生、外国专家、外国人才移民，同时也能说明这个城市的软环境能够多大程度上适应外籍人士工作与生活。

关于外籍人口的比例，存在着5%、8%、15%、20%四种不同的说法。以最低的5%计算，1000万人口的城市必须拥有50万常住外籍人士。在这一点上，北京、上海、广州目前无一达标。

根据2010年第六次全国人口普查结果，上海已逐渐成为全国境外人员最集聚的地区之一，居住在上海的外籍人员数居全国第一位，港澳台居民人数居全国第二位。截至2012年9月底，外商累计在沪设立投资性公司237家、跨国公司地区总部347家、研发中心332家，均居中国内地省市之首。

《上海市教育国际化工程“十二五”行动计划》提出目标，要把上海建成亚太地区最受欢迎的外国留学生留学目的地城市。到2015年，来沪就读留学生人数将达到7万人。

随着越来越多的境外人员在上海生活工作，外籍人员、港澳台居民和本市居民结婚的数量呈逐年上升趋势。2010年上海市登记的涉外婚姻达2231对，10年累计达29587对。上海市由境外人员和境内人员共同组成的家庭户数已有2.73万户，占全市境外人员家庭总户数的24.3%。

随着中国（上海）自由贸易实验区的建立，上海将迎来新的发展机遇，届时将会出现更多的外籍人士进入上海谋求发展，上海也将成为外籍人士聚集地。由此可见，多元文化人口将成为上海城市人口中的重要组成部分，他们会涉入各行各业，但一般来说，外籍人士会生活在涉外社区，工作或学习在教育或企业领域。因此我们感到，将他们生活的社区、工作学习的学校或企业打造成跨文化社区、跨文化校园或跨文化企业，是体现国际大都市特征的重要部分。

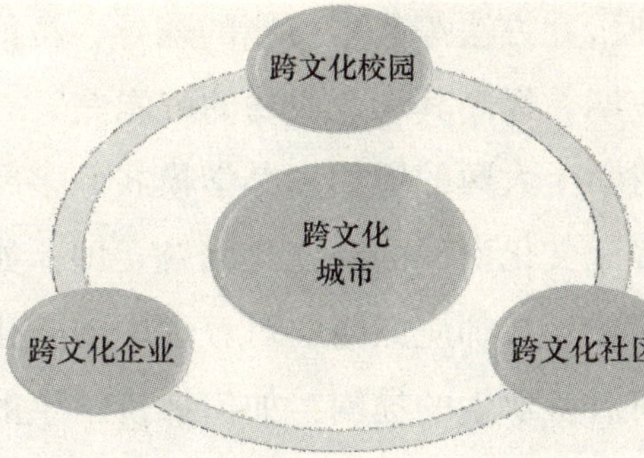

图 6—2　跨文化城市人口分布特征

一、跨文化校园

根据上海市教委发布的教育国际化工程“十二五”（2011—2015 年）行动计划，未来上海将探索中外合作办学新机制、大力发展来华留学生教育、多渠道支持师生出国学习培训。

到 2020 年，上海的中外合作机构和项目总量争取达到 400 个左右。为此，上海将进一步推动中外合作办学的高质量发展，包括继续推动上海纽约大学建设。上海应积极鼓励高校创造条件，再吸引若干所国外高校（含高职）来上海合作创办独立设置的高等教育机构。

此外，上海还鼓励优质高中与国外知名高中和教育集团合作，设立 1—2 所独立设置的中外融合的合作高中，招收本国学生和外国学生，融合本土课程和国际课程，增强学生的国际理解、国际交往与国际竞争能力，满足市民、海归人员和外籍人员子女对优质高中教育的需求。

上海还将建立外国留学生预科教育基地，为市政府奖学金生和其他有需要的留学新生提供汉语和基础知识的强化培训，以及学习方法和研究方法等基本技能的辅导，帮助留学生顺利度过最初的适应期，提高其学业成功的可能性。

随着外国留学生人数的增加和办学模式的多元化，我们必须面对一个由多元文化引起的跨文化问题，即：如何与不同文化背景的学生相处？教师应如何应对教学中的文化差异甚至是文化冲突？如何对待学生的提问？如何评价学生的表现？我们是否还是以教中国学生的教学方式教外国学生？教师的教学方法能否得到认可？

除此之外，我们又如何利用这些多元文化丰富中国教育的资源，弥补中国教育的不足。比如我们如何利用这些多元文化营造中国校园的跨文化氛围，营造跨文化的课堂，形成中外学生学习环境，培养他们相互学习、相互适应，及学会相互尊重、相互容忍、相互欣赏彼此文化的意识，从而拓展中国学生全球视野、提高跨文化能力。这些问题都应该是教育界亟需考虑的问题。

二、跨文化社区

随着中国（上海）自由贸易实验区的建立，上海社会经济发展将迎来新的飞跃，由此也将吸引更多外籍人士入住上海，从而推动上海不同城区新的国际化社区的建立。如何管理好国际化社区，如何让这些外籍人士适应上海的居住生活与环境（居住环境不仅指社区的绿化环境、生活便捷环境，更是指人文环境、国际化文化环境，这样才能真正体现国际大都市的环境），也是我们城市治理中的一个紧迫任务。面对众多的外籍居民，传统的社区管理将无法适应多元文化背景的外籍人士的居住生活环境。

为此，我们必须转变社区管理理念。传统的社区管理理念是“社区管理”，而在国际化社区中，我们应该将社区管理理念改为“社区服务”，即社区工作者应服务于社区、服务于居民，面对不同国籍、不同文化的外籍居民，这种文化多样性必然导致社区工作的复杂性。国际化社区工作主要是解决社区民众生活问题，提高他们社区生活的质量，只有改变社区管理理念我们才能把社区工作做好，才会积极主动服务居民。一般来说，外籍人士习惯于自我管理，他们有较强的自我解决问题的能力，但有时他们也需要得到社区的帮助。如果他们向社区提出需要服务的诉求时，他们往往是在无助的情况下提出的，此时我们的社区工作者将如何对待他们的诉求呢？有些诉求往往会超出我们的工作范围，但我们应如何做好沟通与解释工作，如何让他们对我们的解释感到满意？这些都是国际化社区将面临的新任务。

提高社区工作者的跨文化沟通能力才是关键。跨文化沟通是指与不同文化背景的外籍人士的交流与沟通。外籍居民来自不同的国家，他们有各自的价值观念、宗教信仰、民族习俗、思维方式、沟通方式，所以他们在文化认知、生活习惯、社区需求、邻里相处等方面难免会发生误解，甚至冲突。面对这些由文化差异引发的误解或矛盾，我们应如何应对与消除呢？以现在的社区管理模式是无法应对这些问题的，所以我们必须依靠年轻的社区工作者，他们思维活跃，容易接受新理念，工作更有活力，更容易与外籍人士沟通，也更能做好协调工作。

这些问题都是国际化社区所要面对的问题，我们不仅需要改变社区管理模式，更要营造社区跨文化环境，还要拓展社区工作者的国际视野，增强跨文化意识、学习跨文化知识、提高跨文化沟通能力，只有这样，国际化社区才能成为外籍居民的乐园。

三、跨文化企业

进入21世纪经济全球化时代，中国企业积极参与全球并购，全球并购的出发点是实现并购双方的经营协同效应，实现优势互补，完成并购方的预期商业价值。TCL收购了法国汤姆逊公司的彩电业务，随后又收购了阿尔卡特的手机部门；联想收购了美国IBM公司的PC分部；上汽集团购买了韩国双龙汽车。2013年2月，中海油完成对加拿大油气公司尼克森151亿美元的收购大单；9月，双汇国际达成对美国史密斯菲尔德公司收购协议。另一方面，2013年6月，印度阿波罗轮胎公司收购美国的固铂轮胎及橡胶公司，却遭到中美合资企业固铂成山（山东）轮胎有限公司工会及工人的强烈反对，5000名固铂成山员工数月罢工，使固铂成山工厂一直陷于停产状态。

虽然这些并购案金额巨大，涉及世界顶级商业巨头，曾为业内人士看好，但人们发现兼并后的新跨国公司并未出现资源配置或强强联合的优势，没有实现“1+1>2”的协同效应，反而出现不同文化背景合作者之间的矛盾，管理不顺，更无法完成预期的经济利润，甚至以失败告终。如TCL-汤姆逊收购案、TCL-阿尔卡特收购案、上汽—双龙汽车收购案等等。研究发现，几乎所有企业都出现跨国并购综合征——文化冲突。而产生文化冲突的症结在于双方合作中忽视跨文化整合，所以专家对此总结出一条跨国并购“七七定律”，即70%的并购后企业未能实现期望的商业价值，70%的失败源于并购后的整合过程，其中企业文化的冲突与整合失败是其中的重要原因之一。为此，我们也概括了跨国收购两阶段：收购前阶段（pre-merger stage）和收购后阶段（post-merger stage），并总结出一条诊断跨国收购成功与否的途径。

收购前阶段的问题，即在跨国收购谈判时未涉及或未谈妥的但收购之后收购方必定要采取的而被收购方又难以接受的措施或决策，一旦出现这类问题，双方合作必定受挫，也必然会以失败告终。也就是说，在收购谈判时应该要解决的问题而没有得到解决，应该要涉及的问题也没有涉及，这类公司今后一定会出现失败的可能性。这类失败案例，国外的有戴姆勒—克莱斯勒案例，国内的有上汽—双龙汽车案例等。换言之，收购方在收购谈判时不能为了谈判成功而谈判，而应为了收购后无后顾之忧而谈判，所以谈判时一定要以分析思维方式，即分析每一可能会出现的问题逐一谈判，而不能用综合思维方式，即只谈原则、友谊、大方向，不谈细节、问题。

收购后的问题就是文化整合，即一旦收购前问题都已解决，收购后的问题就是人与人沟通的问题，就是管理中的文化差异问题。任何收购后的新公司在合作初期都会在不同的管理层面上出现种种不适，这是典型的跨文化困惑与障碍，这种现象也被称为“跨国收购综合征”。这是文化冲突在管理层面上的反映。为此，我们不能单从管理角度去分析这些问题，因为这样只能使我们看到事物的单方面或表面现象，而非问题的实质。跨国公司管理中的问题与矛盾是文化冲突在管理层面上的具体反映，是事物的表面现象，其事物的实质就是文化冲突。我们只有通过分析事物的表面现象发现其事物的本质时，才能真正解决问题。

文化整合是跨国收购后的首要任务，但企业往往会在收购之后忽视文化整合而使企业错过最佳整合时机因而导致失败，但根本原因还在于企业高管缺乏跨文化意识与跨文化能力，而缺乏跨文化能力的高层管理者是不会主动做文化整合的。所以，提高企业高管跨文化意识与跨文化能力才能确保跨国收购后文化整合的成功。只有建立跨文化企业，才能成功地进行跨文化管理，企业才能达到预期经营目的。

构建跨文化城市战略目的在于提升应对多元文化的城市治理能力，提高城市管理者的跨文化意识与沟通能力。面对城市多元文化的挑战，建立跨文化咨询机构，提供跨文化服务，才能营造和谐的城市氛围。只有具有跨文化城市特征的城市以及具有跨文化城市治理能力的城市管理者，上海才能吸引和留住更多更优秀的海外人才，而不会使他们成为“过客”。

附　录

中欧跨文化城市专家对话

2013 年 6 月 25 日下午，上海大学上海合作组织公共外交研究院主办了中欧专家对话——“全球化时代下的跨文化城市构建”，特邀欧盟委员会及欧洲理事会跨文化城市战略和发展专家、摩丹纳市议员、摩丹纳大学跨文化研究生项目主任布鲁诺·强西奥（Bruno Ciancio）教授，上海大学外国语学院副院长、跨文化研究中心主任庄恩平教授，上海市政府对外办公室欧非处副处长余强开启三方对话。

对话论坛分三个环节：

第一环节，欧盟委员会及欧洲理事会跨文化城市战略和发展专家布鲁诺·强西奥教授首先做了题为“成为一个跨文化城市”（Becoming an Intercultural City）的主题报告。布鲁诺·强西奥教授从对欧盟城市的跨文化建设现状和文化融合政策的介绍开始切入正题。通过对欧盟地区城市“多元性文化”和“跨文化城市”的概念进行梳理和定义，他提出自己的观点——多元文化不是现代社会的威胁和阻力，而是机遇和社会前行的动力。他指出全球化的推进造成全球人口流动，不同文明之间的合作和冲突也随之日益加剧，建设跨文化城市成为大势所趋，只有在社区中形成多文明、多元的文化，城市才能有效地发展，因此培养市民的跨文化能力成为必然。

第二环节，上海大学外国语学院副院长庄恩平教授做了“启发与借鉴——构建上海跨文化大都市建设战略”的报告。通过多次参与欧洲委员会跨文化城市大会的亲身经历和多年跨文化研究经验，庄恩平教授从挑战、机遇入手，剖析了跨文化城市建设的框架和欧盟跨文化城市建设战略对于上海建设跨文化城市的启发和借鉴作用。他最后强调，构建跨文化城市的目的在于提升应对多元文化的城市治理能力，提高城市管理者的跨文化意识和沟通能力。只有具备跨文化意识和能力的城市管理者，上海才能真正驾驭国际化大都市所面临的跨文化挑战。

第三环节，与会学者从各学术领域对跨文化城市构建这一议题进行多维度探讨。上海市外办欧非处副处长余强进行点评，他全方位、多维度地介绍了上海在建设国际化大都市、实施国际化战略过程中做出的努力，强调上海现阶段面临的跨文化挑战需要循序渐进的应对和解决。布鲁诺·强西奥教授高度肯定了上海在建设国际化大都市过程中软实力的推进，并表示希望代表欧盟委员会与上海市外办建立对话，共同推进上海建成跨文化的国际化大都市。倪兰副处长对“欧洲人在对待不同的宗教信仰和宗教差异的态度”提出疑问，从跨文化的角度进行分析，认为不同宗教信仰间和平共处的要义主要为三点：对方信仰的互相尊重、开放的思维和宽容处事原则。中欧学院学生与布鲁诺·强西奥教授针对“全球化进程与不同文明之间的合作和对抗的路径”互动提问。张丹华和张恒龙分别对“跨文化城市”和“国际化城市”的概念差别、上海建设“跨文化城市”的进程与布鲁诺·强西奥教授进行了探讨。他们认为，“国际化城市”主要强调城市对外的扩容性，强调城市与世界的接轨；在这个层面上，上海显然已经完成了“国际化城市”的使命。而“跨文化城市”更注重城市内在文化的互通和吸收，上海在建设“跨文化城市”的道路上仍然任重而道远。张珊珊对“多元文化论”（Multiculturalism）和“跨文化主义论”（Interculturalism）之间的关系提出问题——跨文化主义是否是多元文化主义的延伸？布鲁诺·强西奥教授认为对于一些学术概念的定义，学者们可谓众说纷纭，至今没有定论；但从某种程度上来说，跨文化主义确是多元文化主义的延伸，对于文化间的沟通和理解有着更深层的解释。

此次论坛对“全球化时代下构建跨文化城市的战略与启示”的议题进行了深入的探讨，同时也不失为一次成功的公共外交盛会。与会学者纷纷表示，上海的发展和世界的共同发展都需要公共外交，需要有智慧的跨文化交流，更需要将城市的跨文化建设落到实处。

中欧跨文化城市研讨会对话专家

参考文献

一、中文部分

1. 陈南雁：“欧洲移民政策问题及移民政策趋势分析”，《德国研究》2006（2）：36—42。

2. 陈天林：“欧洲移民社会冲突中的多元文化主义困境”，《社会主义研究》2012（1）：134—136。

3. 傅义强：“欧盟国家的移民问题及其移民政策的构建”，《世界经济与政治论坛》2006（3）：97—105。

4. 李明欢：“欧洲多元文化主义的理想与困境——以西欧穆斯林移民社群为案例的分析”，《国外社会科学》2010（6）：100—105。

5. 宋全成：“简析欧洲移民历史进程与移民类型”，《天津社会科学》2006（4）：56—59。

6. 宋全成：《欧洲移民研究：20 世纪的欧洲移民进程与欧洲移民问题化》，山东大学出版社 2007 年版。

7. 威尔·金里卡著，邓红风译：《少数的权利——民族主义、多元文化主义和公民》，上海世纪出版集团 2005 年版。

二、英文部分

1. Alexander, M. (2003). Local policies towards migrants as an expression of Host-stranger relations: a proposed typology. Journal of Ethnic and Migration Studies, 29/3, pp. 411 - 430.

2. Barry, B. (2001). Culture and Equality: An Egalitarian Critique of Multiculturalism. Cambridge: Polity Press.

3. Bodirsky, Katharina. (2012). The Intercultural Alternative to Multiculturalism and its Limits. EASA Workshop 2012: Working Papers. Paper 8.

4. Bouchard, G. (2011). What isinterculturalism? [J]. McGill Law Journal, 56 (2): 435 - 468. http://www. coe. int/t/dg4/cultureheritage/culture/cities/ICCModelPubl_en. pdf.

5. Castles, S. (1995). How nation-states respond to immigration and ethnic diversity. New Community: The Journal of the European Research Centre on Migration and Ethnic Relations, 21 (3): 293 - 308.

6. Emerson, Michael. (ed.) (2011). Interculturalism: Europe and its Muslims in Search of Sound Societal Models (Brussels: Centre for European Policy Studies).

7. Gilchrist, A. (2004). Community development or community cohesion: bridges or barricade. London: Community Development Foundation in association with The Runnymede Trust.

8. Guidikova, Irena. Intercultural diversity management—Europe cities showing the way [2012 - 09 - 20] http: //www. coe.

int/t/dg4/cultureheritage/culture/Cities/Publication/BookCoE06 - Guidikova. pdf.

9. Guidikova, Irena. Intercultural cities: cultural sensitivity makes the difference in integration. Paper presented on International Symposium onInterculturalism. Montreal, May, 2011. [2012 - 09 - 22] . http: //www. symposium-interculturalisme. com/pdf/actes/Chap4_ 1Guidikova. pdf.

10. Joppke, C. (2004). The retreat of multiculturalism in the liberal state: theory and policy. British Journal of Sociology, 55 (2): 237 - 257.

11. Key figures on Europe: Statistical Pocketbook. Luxembourg: Office for Official Publications of the European Communities, 2006.

12. Khovanova-Rubicondo, Kseniya. , & Pinelli, Dino. Evidence of the Economic and Social Advantages of Intercultural Cities Approach. [EB/OL] . [2012 - 09 - 20] http: //www. coe. int/t/dg4/cultureheritage/culture/Source/Cities/Review. doc.

13. Kymlicka, W. (1995). Multicultural Citizenship. Oxford: Oxford University Press.

14. Kymlicka, W. (2005). The uncertain futures ofmulticulturalism. Canadian Diversity, 4 (1): 82 - 85.

15. Maxwell, B. , Waddington, D. & McDonough, K, et al. (2012). Interculturalism, multiculturalism, and the state funding and regulation of conservative religious schools. Educational Theory, 62 (4): 417 - 447.

16. Meer, N. andModood, T. (2012). How does intercultural-

ism contrast with multiculturalism? Journal of Intercultural Studies, 33 (2): 175 – 197.

17. Modood, T. (2007). Multiculturalism. A civic idea. Cambridge: Polity Press.

18. Parekh, B. (2000). Rethinking Multiculturalism. Basingstoke: Palgrave Macmillan.

19. Schmit, Alvin. (1997). The Menace of Multiculturalism: Trojan Horse in America. Westport, Connecticut and London: Praeger Publishers.

20. Wanner, P. MigrationTrends in Europe. European Population Paper Series, No 7, 2002. http://www2. unine. ch/repository/default/content/sites/sfm/files/shared/pub/o/o_ 09. pdf.

21. Wood, Phil. What is Intercultural City and how can we create it? [EB/OL]. [2012 – 09 – 20] http://www. coe. int/t/dg4/cultureheritage/culture/Cities/Publication/BookCoE05 – PhilWood. pdf.

22. Wood, P., Landry, C., & Bloomfield, J. (2006). Cultural Diversity in Britain: A toolkit for cross-cultural co-operation. [M]. London: JosephRowntree Foundation.

23. Wood, P., & Landry, C. (2008). The Intercultural City: Planning for Diversity Advantage [M]. Earthscan, London.

24. Wood, Phil (ed). (2009). Intercultural Cities: towards a model for intercultural integration. [M]. Strasbourg, Council of Europe.

25. Ye'or, Bat. (2005). Eurabia: The Euro-Arab Axis. Cranbury. N. J.: Fairleigh Dickinson University Press.

三、主要网站

1. http：//www. indexmundi. com/g/g. aspx？ c = fr&v = 74.

2. http：//www. bbc. co. uk/news/world-europe – 11020429.

3. http：//www. dailymail. co. uk/news/article – 1312583/Cameron-lends-Sarkozy-support-row-Roma-gypsies-expulsion-rages. html.

4. http：//www. theguardian. com/world/2010/oct/17/angela-merkel-german-multiculturalism-failed.

5. http：//www. dailymail. co. uk/news/article – 1355961/Nicolas-Sarkozy-joins-David-Cameron-Angela-Merkel-view-multiculturalism-failed. html.

6. http：//www. independent. co. uk/news/uk/politics/cameron-my-war-on-multiculturalism – 2205074. html.

7. http：//www. crethiplethi. com/dutch-deputy-prime-minister-multicultural-society-has-failed/eu/2011/.

8. http：//www. alleuropa. ru/interculturalism-between-the-twin-hazards-of-multiculturalism-and-assimilation.

9. http：//www. coe. int/aboutCoe/index. asp？ page = quisommesnous&l = en.

10. http：//ec. europa. eu/culture/our-policy-development/intercultural-dialogue/intercultural-cities_ en. htm.

11. http：//www. coe. int/t/dg4/cultureheritage/culture/Cities/ICCconcept. pdf.

12. http：//www. coe. int/t/dg4/cultureheritage/culture/Cities/

origin_ en. asp.

13. http：//www. jpf. go. jp/e/about/press/dl/0685. pdf.

14. http：//www. iccsummit2012hamamatsu. jp/en/declaration. html.

15. http：//epp. eurostat. ec. europa. eu/statistics_ explained/index. php/Glossary：Migration.

16. http：//epp. eurostat. ec. europa. eu/statistics_ explained/index. php/Migration_ and_ migrant_ population_ statistics.

17. http：//www. migrationinformation. org/Feature/display. cfm?ID =854.

18. http：//www. coe. int/t/dg4/cultureheritage/culture/cities/index/Zurich. pdf.

19. http：//www. coe. int/t/dg4/cultureheritage/culture/cities/ICCModelPubl_ en. pdf.

20. http：//www. coe. int/t/dg4/cultureheritage/culture/Cities/Publication/BookCoE19 – Singh. pdf.

21. http：//unesdoc. unesco. org/images/0021/002197/219768e. pdf.

22. http：//www. coe. int/t/dg4/cultureheritage/culture/cities/ICCstepbystepAugust2012. pdf.

23. http：//www. coe. int/t/dg4/cultureheritage/culture/cities/Index/Lewisham_ en. pdf.

24. http：//www. dublincity. ie/YourCouncil/CouncilPublications/Documents/Dublin_ ICC_ agreement_ 2011. pdf.

25. http：//www. nho. no/globalfuture.

26. http：//www. ec-roma. org. rs/en/index. html.

27. http：//www. municipio. re. it/Assistenza/migrare05/migrare. nsf/pagine/0BDA35418C1FAD69C12570190031E84E? OpenDocument.

28. http：//www. outreach-berlin. de.

29. http：//www. wik-vernetzungsbuero. at/.

30. http：//www. welkominrotterdam. nl.

31. http：//www. citysafari. nl.